太禪即毫

鴻坤老中屋書

丙申歲晚護錫永

作批旨意

谈锡永

鸿坤习传之大成拳，从理趣上来说，可以说是形意拳的承继。民国初年，王芗斋大师将形意拳发展为意拳，然后博采各家，创立大成拳，已经是将形意拳发展为一大归结。

鸿坤得大成拳的传承后，了解到王芗斋大师的拳理实在有些佛家因素，所以从禅宗入手探讨拳理。近年我与其相识，便将禅宗与西藏宁玛派大圆满教法结合，向他作禅宗的指月，相信对他的拳理与法度都应有所帮助。现今他将所著《立禅即意：大成拳学讲习录》一书请我作序，我觉得作序已无必要，因为太多言说，反而影响了"立禅"，更不能得"意"，所以决定在读他的书稿时随手作批，点出禅法与密法的密意能与拳理双运，似乎更能令读者循此途径，而得了知拳理与佛理相通。

太极拳依道家之理，大成拳依佛家之理，这样建立，若能将大成拳更包容太极，那么便可以说是佛道两家相融。立禅即意，立道作意，二者有所分别，若能包容即无分别，这是我对中国拳法的期望。

2017 年 4 月

但能神意真
何必形貌似

丙申歲暮
詩錫永敬書大成筌訣

目 录

谈锡永先生作批旨意

1. 立禅即意/1
2. 以无住心推手/7
3. 都是用中/10
4. 站桩心法/18
5. 感知才是真知/22
6. 灵机不失/25
7. 入门要对/27
8. 以清净心信受/29
9. 皆在知见中/32
10. 共与不共/34
11. 真正的内家拳/35
12. 立禅大成/37
13. 说各家拳/39
14. 说形意拳/42
15. 练拳三境界/46
16. 站桩要领/48
17. 练习听劲/50
18. 这样打法/52
19. 又是站桩/54
20. 变化身心/57
21. 以空为体/60
22. 如鱼在水/62
23. 空的状态/66
24. 两人搭手/68
25. 就是一个/70
26. 形力气意神/72
27. 说拳/80
28. 行气如九曲珠/86
29. 大成真义/90
30. 定要清晰/93
31. 中气才是真的间架/94
32. 一静一动/96
33. 只一个势/99
34. 动静不二/100
35. 观照不失/102
36. 从有到无/103
37. 动补虚，静接敌/104
38. 站桩的松紧/105
39. 一个整体/107
40. 如如不动/108
41. 观照与觉知/110
42. 怎样得势？/111

43. 无法不容/112
44. 妄动与随动/113
45. 皆归心性/115
46. 悟入根本位/116
47. 法门真谛/119
48. 无形的腿/121
49. 真实无分别/123
50. 离一切相，即一切法/124
51. 入佛知见/126
52. 分而不分/129
53. 站桩与立禅/131
54. 得机得势/134
55. 集训对话摘录/142
56. 中不丢/149
57. 动静之机/152
58. 随敌为师/154
59. 静接物，动取中/155
60. 站桩秘密/158
61. 整体在站/161
62. 不存力，意在人身后/163
63. 再谈站桩/166
64. 周身不着力/168
65. 怎样才叫懂/171
66. 真的站松/173
67. 什么是起点？/175
68. 练《金刚经》/176
69. 门规不仅是门规/178
70. 乐空即我/181

71. 去除惯性就能忍/186
72. 学拳不可断章取义/189
73. 练拳的故事/191
74. 有形空，无形有/200
75. 凭感知出/201
76. 如何明空/204
77. 对方的中/207
78. 清逸的心/210
79. 四种精神境界/213
80. 行住坐卧都是法/214
81. 歇狂心，显中神/215
82. 至阳功夫/216
83. 拿清逸心去打/217
84. 只是打影/217
85. 桩与中/219
86. 日常化生活化/220
87. 虚与中——练拳的秘诀/222
88. 反向身外求/226
89. 试　声/226
90. 鸭子走路/228
91. 厉害，更厉害/229
92. 不是身心是中神/232
93. 大师风范/235
94. 无住之心/235

附录：弟子学习笔记/237
董力民跋后/259

1. 立禅即意

【谈批】什么是立禅？即是进入禅的境界，禅的境界远离分别。什么是分别？依名言来认识事物是分别，例如说拳法、腿法，那便是依名言来作分别；依概念来认识事物亦是分别，例如说洪拳、咏春拳，那便是依概念来作分别。凡落分别都不是禅。若拳手能入禅境，便能得"意"。这里说的"意"，即是佛家的"清净无分别意"。

既能得"意"，即能依意成形。所以，拳师发出的形，亦需无作意而发，一落作意即成分别。于对拳时，由"意"适应对方而发招，而不是揣摩对方的形而以形相抗，这便是"立禅即意"。

立禅的立，是立意，是从站桩入手立起禅意。禅意立起，则不拘形式，行住坐卧都是禅，随心所欲而不逾矩。不逾矩就是"中"不丢，以禅的状态练拳、生活。只要有了禅的状态，感知的状态不丢，你就可以随心所欲。

中，就是禅的状态。平常练习，注意腰、胯、肩等，都是为中服务，为了让中显出来。得中以后，才可以守中用中。

【谈批】这一段说的是形随意生，意已离名言概念，所以日常生活一切皆禅，因为生活无非只是种种形态而已。禅宗强调"家常日用"、"日常生活"，便是"以禅立意"的形随意生。无奈许多拳师都落在拳的形式来发劲，不能说他们不对，但这并不是禅意。

说到"中"，其实便是由无分别的意来"任运"随形。无论对方用拳用腿，我们都可以因应他的拳法腿法，来意识到他发拳发腿的支点。若能由无分别意感觉到他的支点所在，那么我们便很容易适应，因为只通过他的支点，他的拳法腿法便受到我的控制。控制是适应，不是对抗。

事要精，理须透。练中得中，守中用中，以自己的中打对方的中，搭手就是中。发人的时候，"蓄劲如张弓，发人如放箭"，把对方当箭放出去。练就是用，用就是练。倘若练是练，用是用，说明你练错了。

【谈批】 事即世俗，理入胜义，事为形，理为意。

依意为用，用由练而成，所以并不是一入手即能无作意，说"练就是用，用就是练"，那是一个过程，能够无作意而作意，那便是佛家所说的"无生生一切"，这是很高的禅理，亦是宁玛派的大圆满理趣。

要一辈子站桩，但几分钟就能学会。原理有很多，普通人掌握这一个就足够了。譬如推手，身上没有，你在我的一个点上用劲，我禅意没丢，你一摸，我这儿瞬间就变了。车轴是中，车轮子是环，动车轴，不是动车轮子。太极推手、形意搭手都是这个，在形上讲就是这个。

【谈批】 这里说的推手、搭手，其实都是由意生形，不过，却要晓得宁玛派所说的"任运"。任运其实是适应，因应适应而任意运作，这是一切形的最高道理。一切事物都靠适应障碍而能成形，例如人，他要适应空气、适应地球上的食物等，然后才能成为人。又如蚯蚓，它没有眼、没有耳，只能靠触觉来适应环境，因此它便有两根触须，人不需要触须便是跟蚯蚓不同的适应。一切生命形态的适应都可以说是包容，人有人的包容，蚯蚓有蚯蚓的包容，所以便有不同的生理与心理。因此，我们便可以这样说，圆成任运便是得"中"，若能得"中"，因为任运圆成，以，便可以由意生形来作所种种适应，对方一切形态都给我适应掉，便受到我意的控制，令他根本失去了形。

1. 立禅即意

练的时候心死神活，心不参与。《拳论》讲，大动不如小动，小动不如不动。不动之动为生生不已之动。所谓"不动之动"，是说虽然不动，其实意是活的。活，不是计较什么圆、方、线、面，而是用感觉去觉知事态。对方发拳、发掌、发腿，我挨着就是。挨便是由感觉而来的挨，挨到什么，心中根本没有考虑，只是任运，任运即空，所以说空着接敌。无论离对方远近，都可以凭无分别意的感觉来任运，是即为空。对方的瞎动跟我没有关系，不要因为他的瞎动，我便拿着劲、拿着气、拿着意。

因应之意必须是无意之意。用神、显神，心死神活，神光朗照。神活的状态，都是无意之意的任运而空。

【谈批】所谓"心死神活"，就是心无分别，所以说之为"死"，可是其意则是活活泼泼，所以说之为"活"。不动之动，即是前面说过的"任运圆成"。

任运圆成必无作意，人不是作意生出一对眼睛，作意生出一对耳朵，为了生存，他必须无作意而生起眼与耳，至于身体中的种种微妙结构，实在亦只为了适应生存而不得不生起，所以无作意便可以说为"心死"，随缘适应便可以说为"神活"，用在拳理上，可称无敌。

观照是什么意思呢？练的时候，要观照全身每个地方都有灵气和生机。两人比划，我什么作意的形都没有，就是神气出来的整体，你就根本无形可

淬礪身心

蔣中正

1. 立禅即意

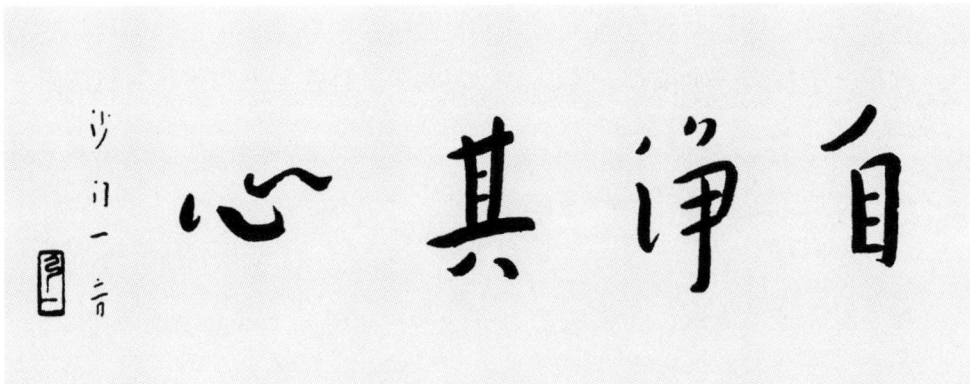

破。你的神不活，怎能与我为敌？

我腿上神活，身上也神活，你就不容易活。我腿上神活、身上神活而不落于形，假如你还有蠢蠢欲动的想法，你就根本不知道应该怎样动。我手做对了，你的手就不知如何动，你的手就不起作用。我做对了你就没有了。

所以，拳法只是"要做对"。我的气息做对，就能把对方控制上，这其实是适应对了而成控制。做不对就是对抗，例如企图用招式来打击对方或者应付对方，一落作意便做不对。所谓"做对"，就是气息合上，不是姿势。

【谈批】这段拳理说明了如何任运圆成。要记着：有分别便有作意，有作意便不能任运，不能任运便成对抗，若能任运就可以控制对方。

不对抗，要具备两个条件：一是自身接触点上没有实，没有作意，不是用形；二是对手这个目标不存在，意要笼罩对方，超越对方，不是定位在对手的身上、手上，我的身形虽然在这里，但是已经无限地向对方身后超越。这个气场是对方对抗不了的，因为这是点上错位的适应，但是也不要作意于错位。意有多大多远，气便有多大多远，那就自然是点上的错位。

不是推，也不是打，既是推，也是打，就是气的发放、气的抒发，也即是意的发放、意的抒发。如果对方打过来，所谓全身十四处打法，挨着哪儿是哪儿。不伤人的打法，就是让人飘出去。打伤人很容易，急了就把人打伤了。摁实了打，把对方放在无能力招架的境地，他就变不了，他就没法跟你打，就是一个打人一个挨打，所以说，大成拳是打人的拳，不是对打的拳。

【谈批】这段拳理，等同宁玛派所说的"心气无二"。这里说的"心"，其实就是"意"。

我们的心意去到多远，气便去到多远，许多人不知道这个道理，整天思路纷纭，气便随想而散。所以，思虑愈多，身体愈弱。宁玛派说，心意有如人，元气有如马，心意驾驭着元气，就可以由心意形成一个气场，气场的大小完全由心意决定，这便是"心气无二"。因此，意驾驭气，随气发形，那便应该是心气无二的拳理。

2. 以无住心推手

现在我们学的推手，是用来去除坏习气的方法，作分别、有作意、落于形态，种种都是坏习气。现在用无作意的推手来监督，逼自己把习气去掉，让形与意双运的状态成为主导。

这种方法很微妙，超越了劲和技巧，是"中神"竖起，用练的那个无形的中神来推，老在这样中神的空中，也就是住于一尘不染的状态，忘掉了有形的躯体和动作。这便是任运圆成的应用，由心气无二而任运圆成，不像过去的推手是用习惯来推手，那是套路，是劲和技巧的运用。

【谈批】这段拳理说到了如何心气无二，如何任运圆成，那便是很高的禅境、大圆满的密意。

有些人也可以做到"没有"，但他自己的"中"也同时没有了，这样就不行。因为他已经失去了心气无二的心，这样就不能任运圆成，面对对手时，根本毫无觉受，所以，不能没有"中"。"中"是非有非非有——这个"中"是拿没有表现出来的，不是拿着"有"的形态表现。

【谈批】凡有概念，必生作意；凡有作意，必落分别，这样心意就不能驾驭元气。所以，一落于有，或落于无（没有），自然无法生起气场，也就不能在气场中任运圆成，即"中神"失去，那便是禅密两家所说的落于分别、落于边见。许多拳家重视招式，是认定招式的功能，由是招式即非由中神而发，一击不中，还要变招，这变招亦不由适应而来，仍然是作意于对抗与攻击，这便是作意发招、由招发劲，用劲伤敌。

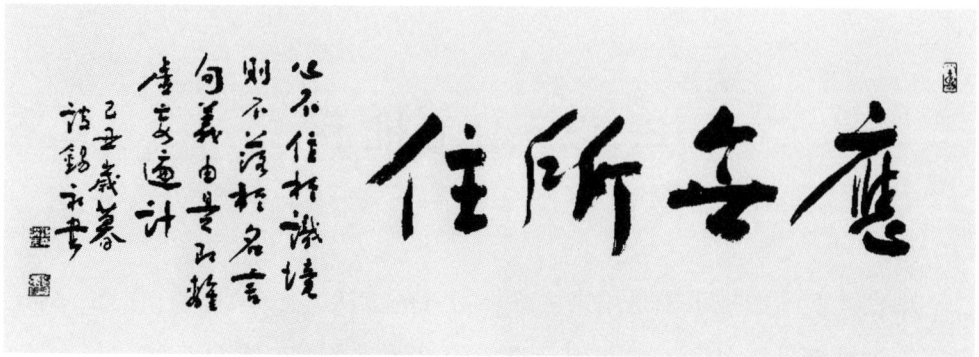

不停地练,心意就能与元气结合起来,二者结合便不需用力。这样,拳师就有了慈悲心,才能彻底解决不用力的问题。不是有力量了,而是气场大了才能不用力。倘如只是劲力强大,必然要用力。总的来说,"有什么就张罗什么"、不作意找出些什么,这便是无所住的心,这是真正的强大。

【谈批】不是迷信,拳师必须有慈悲心。适应对方,令对方无所施其技,用气场将对方迫住,发招式令对方失形,那便是胜利。这是应用心气无二的慈悲心,用力不用力都由适应来决定,所以说"有什么就张罗什么"。

2. 以无住心推手

飛刀勢

此將小刀飛刺之後如
招架乘此之機用刀砍
入乃短技長用也

注目前勢藏刀取加既須機密停然
飛刀如鳥起翅宜橫速直前敵至三
必招架乘機進步藏石眼脒在此突
須得當其時若胡亂用飛是擿要票
小刀雖多何益當審遠近尋罅隙標
中與否亦須於平日工夫習演手法眼法

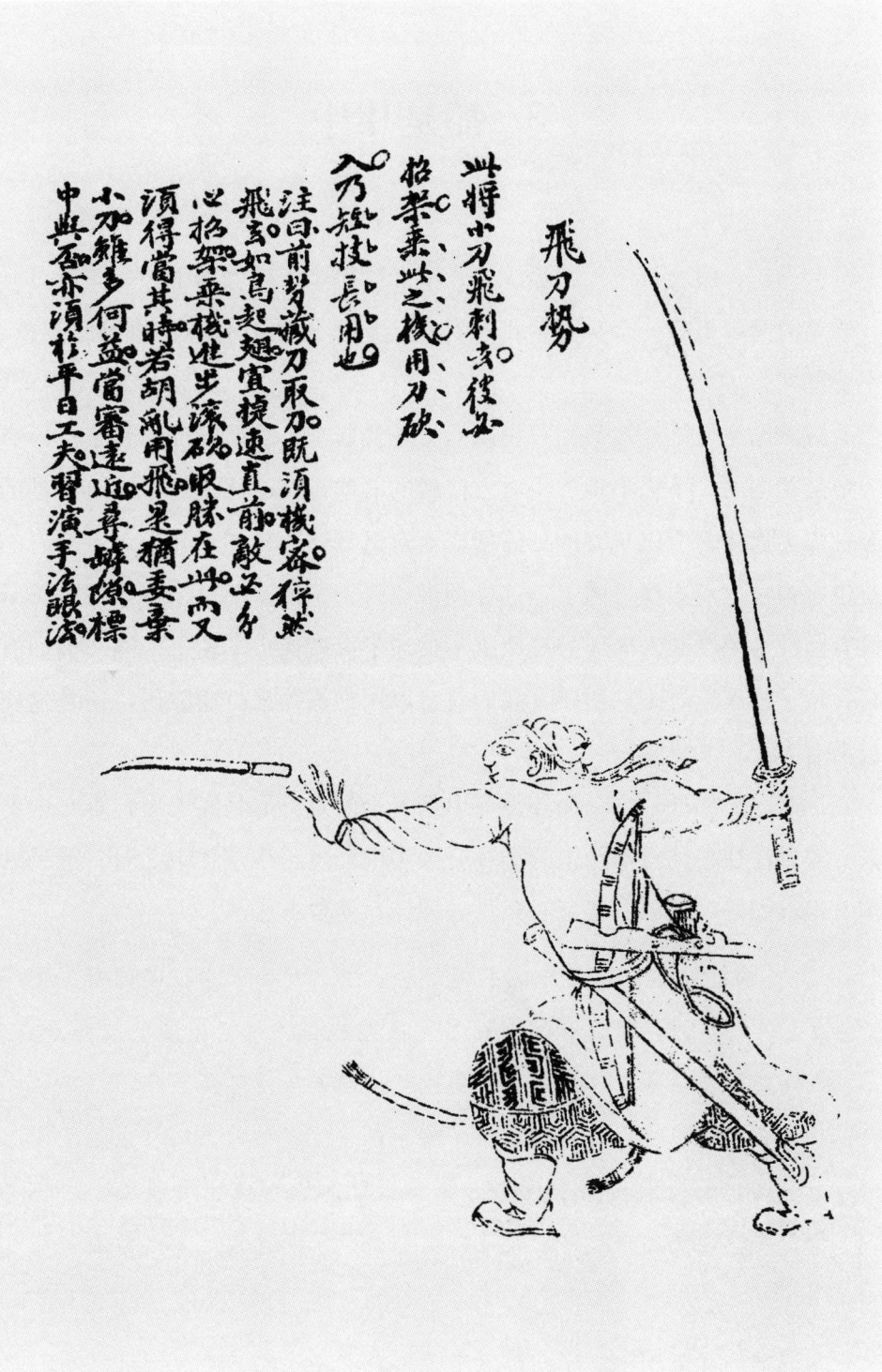

3. 都是用中

会站桩，就会推手，就会试力，就会摩擦步，就会断手。

站时身要挺拔，全身关节都有弹性，脚着地也有弹性，脚只跟地挨着，不要踩实。

脚若踏空便不是对敌，只是跟对方连接起来，连接的部位和全身所有的关节是相同的，不丢不顶。跟对方接触的时候，自己还是处于关节灵动的状态，因为连接，所以对方的身体便成为自己身体的延伸。如果对方所有的关节也有弹性，双方便贯通了，这样便谁也打不了谁。不过，很多人的关节都没有弹性，所以两人循环的链条就不贯通了。就像火车轮子一样，前面有障碍，轮子就碾压过去。所以，我们就可以用气贯劲来打通障碍，便是这样来打击对方。

这是一个循环。这个循环是有形的，难的是有形其实无形，难在中不能丢。大家往往在注意动作上的循环时丢了中，可当作意于中之时，推手的动作又很难做好。所以，要把心意住入禅境，就要有心法。

【谈批】这段拳理是说克制对手之道。我处于中，倘如对方亦处于中，那便无可比试，所以，两高手比试，拳未出便已成和局。但对方不能住入中神，那亦不需比试，拳未出便胜负已分。

在多伦多，我有一个弟子是咏春高手。我要他跟鸿坤搭桥，刚一搭，弟子便立刻缩手投降。他对我说，他的气和形都已失去控制，根本无法出桥。这便是他的全身关节没有弹性之故，幸亏他亦是高手，所以才不会盲动，我判为打和。

大成拳的守中用中，来回都是中；形意拳是主动的中，用自己的中把对

3. 都是用中

方的中夺了；太极拳不是夺对方的中，而是将对方的中归为自己的中，让对方没有中。都是用中，太极拳是以被动化为主动，形意拳是以主动来制夺对手的主动，出发点不一样。这是形意拳和太极拳的根本差异，一般人难以理解，多是拿动作来分别形意与太极。

【谈批】 必须心气无二然后才能夺取对方的中，太极用的可以说是巧意，由巧来将对方的中归入自己的中，所以不能说是完全脱离作意。由于心与气尚未能绝对无二，学太极未能入意的，往往便沦为巧劲，那便跟心气无二相差得更远一些。假如太极能融入心气无二，亦即毫无作意而能将对方归中，那便真的是道佛相融的境界。

推手时，通过接触点连接对方的中，这个动作上的循环就像万象轮，虽然万象，但始终有个中。这是原理，中的层次却有三个：一种是实的转，但很笨重；第二种是跟水一样的转；第三种是空的转，你一摸就摸不着了，跟空气一样，跟你就没有关系。

用实中时不是间架，实的能转对就很好了。因为你用的是中，不是用间架。过去练的推手都是用间架，看谁有功夫。

接触点上的压力要不断不住。身体送着手走，送到手不走了，身体再回来，一点点都不用形了。回来的时候，对方拳落到自己身上，就让对方落不住。手臂回来的时候，自己的中是瞄着对方的，弹性不丢。

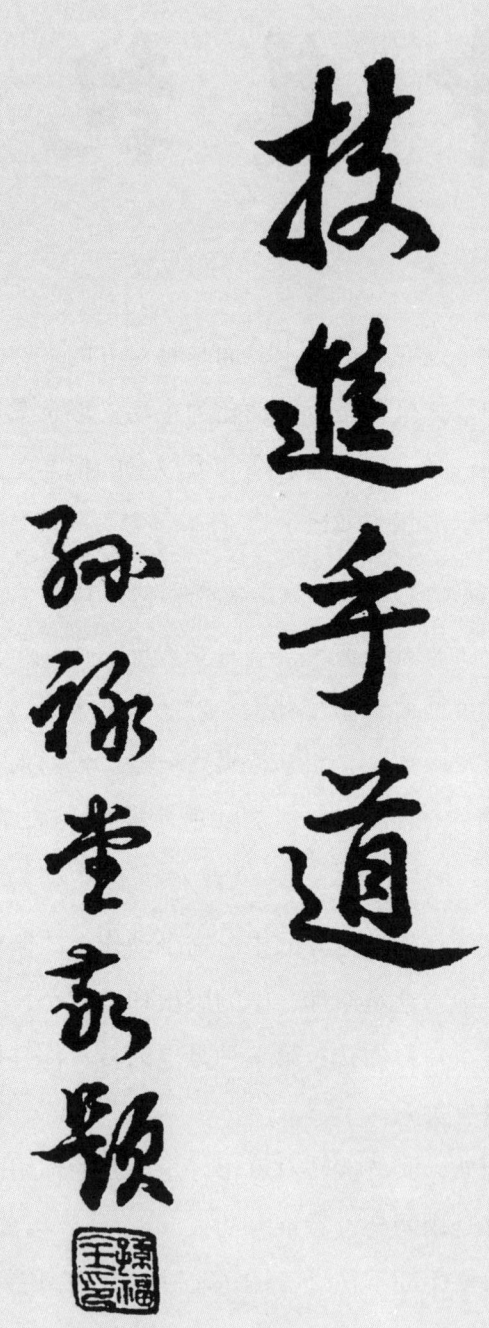

【谈批】 意入于中，可以说身上根本没有落点能为对方所乘，自己却可以适应对方的中来夺取，此时意不在对方的中，只是觉知对方的中。看西洋拳比赛，其实每个拳手都有他自己的中，可是比赛者却只知发招发劲，而不知自己的中何在、对方的中何在，那便是心与意分离，因此意与形分离，一拳便是一拳，一脚便是一脚。倘如中国拳手能学到形意的夺中，肯定所有拳赛冠军都是懂心气无二的拳手。

身手关系处理好了，就成为这种弹性的状态、中的状态；然后，自身的身手关系以及跟对方的身手关系也要处理好。

当手臂过去时，是用身体送手臂出去，手和身体的距离是不变的。身体把手臂启动起来，但身体亦同时不要过去。就像拉送绳子一样，让绳子过去，拉过来送过去地循环。这样对方就像踩在沙子上一样。

那是什么感觉？孙禄堂先生说是"沙地立杆"，稍不注意就倒了。站桩就是练这个"沙地立杆"。不只是脚上的感觉，身上所有的地方都是这样，有如沙地。对方一摸你的手就像站在沙子上，摸不着他的心就变了，他的心变了，我的这种"沙地状态"就出来了。

普通人推手只是肢体上的动作，现在是你的神气参与了，这样就多了很多东西：一是意要扩大到对方身体背后，通过他的身体直至远处，有如他不存在；二是手别紧。对方越用劲，你的手越没劲；三是意与气的通道要自然，不能夹着。要自然地松着落，没有形。回来时，帮助自己蓄力，跟沙子一样无为蓄力，不能主观地蓄力。此时手不能实，意不在手上，而在对方身后的远方。

两个人的循环是一个东西，如果对方身上哪里不通，双方形成的链条就断了。对方是死的，你自己在活的状态，你就像葫芦在水里一样，没有死点，对方按不住你，他就硬了。

【谈批】这里所说的状态与心气无二的"还气"相通。还气是心气去到远方，蓄纳大自然的元气归还心中，在拳理上便是夺中之道。本节所说即在于此，所以气场要大，身手要松，意与气的通道要自然，这都是"还气"的要点。也可以说，"还气"其实是"夺气"，"夺中"其实也是"夺气"，对方心变气便被夺、中便被夺，这样来适应对方任运而夺，是微妙的法门，与力无关、与劲无关。

推手的能量是自身放松以后用神气。人们往往把有形身体的能量用出来，无形的、神气的能量却用不出来。太极拳讲阴阳吞吐，把对方融在自己身上。没有来回，去是这样，回来也是这样。没有前后、左右，就是这个过程。回来、过去感觉都没变，就要住在这种状态。

【谈批】说推手，似乎有形，其实是无形而成形。

推手只是变换了一种形式，从头到尾都是站桩的状态，只是把站桩的状态扩大化。用这个状态，就是练这种状态。站桩容易进入这种状态，推手难一点，情绪、面子等很容易掺杂进来。

现在说的是自己人在推手，如果有外人，瞬间就拉回去了。因为平常推手，很容易参进来别的东西。自己如不用力，对方就用不上。我们这里推手，不用力，没有输赢。

必须把两个人连接为一个人，把对方变成自己身体的一部分。首先要不对抗，其次是还要有中，用中往、过、迎。此时手臂的形做大了，动作做大了，这样自然而然显得有形。倘如动作做小了则不似有形，然而都是活泼泼的，没有作意的轨迹与路线，只是根据对方的劲力与虚实而随变，不是自己作意而变。

【谈批】"还气"的功能即在于此，要练习"还气"，先要练习"随气"，所以本节所言，其实与大圆满道相通，随气、还气合二为一，便有本节所说的拳理境界。

肩膀不容易松下来用，是因为不会用胯。胯松，肩膀就松了，要掌握肩膀与胯的关系。来回都是用中。对方有上下左右前后，自己要随气，而不是用自己的惯性来随形。随，不能有自己的想法，必须随应对方的虚实，成为自己进攻的虚实。所以，不是自己想怎么样，而是先让对方想怎样。当能把握随顺时，便是"中神"，意、气、形随顺而动。要知道，随，就是不执着、无我；顺，就是进入神气的通道。

王阳明《传习录》说"见块逐块"、"见块逐物"，狗来咬人的时候，人扔块砖头，它咬砖头去了，把咬人这事忘了。人也是一样，一搭手时，如果意在于手，那便有如狗咬砖头，那就把身体掉了，把中神之气掉了，那便如"见块逐块"。

【谈批】能随气便是"见块逐物"，因为所随的不是那个块；不能随气便是"见块逐块"，见到砖头便咬砖头。前者心神不失，心不变动；后者心随形转，所以失中。不失中即能夺人之中，若失中即为人所夺。

意和形要分虚实，不光是在形上分虚实，这样，当形与意双运而见虚实时，那便是形与意的临界状态。

以对方的意为意，自己没有意，借对方的势，用对方的势。推手不随自己的想法，而是随对方的想法。这时，所谓落到实处，就是对方有多高你就有多高，对方有多低你就有多低。对方左，你就左；对方右，你就右。对方不想出来，你就不让他出来。这些都是"随气"。假如对方出来了，你就不让他回去，这样就是"还气"。

【谈批】本节拳论直接与心气无二相通，对方动而不出，所以可以"随"；对方出形，我因应而"还"，他的形就受到控制。

守中用中，中道就不是对抗了，他出来的东西你能接上。大家都说随缘，随缘是什么意思？缘是什么，就是背后的东西。他跟你唱反调，你要搞

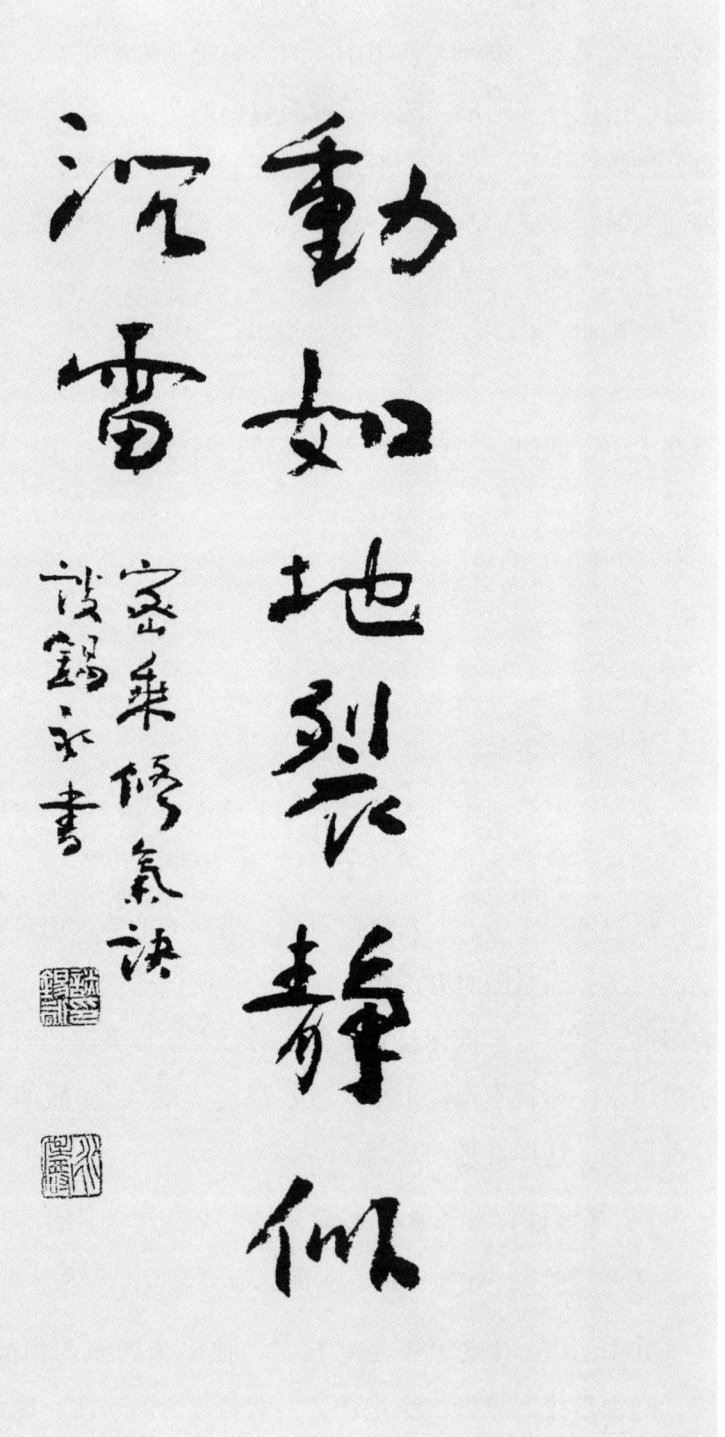

清楚他的背后是什么,你要找那个东西,就像两个人推手,一个来回是一圈,这个点是在自己身上还是在对方身上,这样就清晰了,这样才能在无我、不执着的状态。你一执着,这个圈就不转了,就落在那个点上了。不管这个点是在自己身上还是在对方身上,都是你自己形成的,这样才能把事情完成落实。

王芗斋先生

【谈批】这段拳理非常精彩,不是对抗,可以说是随缘。随什么缘?随着形的背后所藏,也即是并非随形。只能用形,中神便弱,所以便只能以形为我。我却不同,无形则无我,对方根本找不着落点,凡有所落,皆如落在沙中。因此,不能执形,无论落点在自身或他身,因为这个点已由自己的中神控制,所以都可以落实,而不是"沙地立杆"。

晚上睡不着就享受这个睡不着,不能一意要自己睡着。若心神自然,那么,我睡不着也会像比别人多休息了几个小时。要享受这个休息,而不是追求那个睡眠。这便有禅修。因此,最简捷的心法是心不作意。只需相信自己自然的心,相信立禅站桩,并将其扩大,例如扩大到推手等。这便是密乘所说的"心性休息"。

【谈批】提到"心性休息",便需知道我们的心其实无时无刻不在烦乱中动,所以要休息。心能休息,气亦休息。所以,要动起来便可成为心气无二的一发而动,此如大地忽起沉雷,亦如火山爆发。

4. 站桩心法

王芗斋先生

站的时候，不能不负责任地把自己堆在地上，所有的关节不能惰性地压在一起，也不能挺拔着，气也上浮了。而是要沉气提神，气要沉，神要起，能上去也能下来，要有余地，是弹性的状态。这时，丹田不能用力，只需自然放松，可是神却已经提起来了，于是，腰自然直。说这样站很简单，其实做起来很丰富。

但是，这个状态刚开始是有的，站了一段时间就没有了。这个状态没有了，重新调整，把得力的状态找回来，神气在周围布满、放大，还是弹性的状态。所有的关节，自身关节的关系，自身和大地的关系都建立起来。

儒家讲"天人合一",就是指自己和大自然的关系,自己的气息与大自然的元气相合,都是弹性的连接关系。把气想象成有形,然后与地合、与天合、与人合,也都是弹性的连接状态。站桩就是要把自己站到这种状态,自然而然地到这种状态。

佛家"五蕴"中的受想行识,识就是分别。心不能起识,不能掺杂分别心在这里。要把思维放下,提起观照即可。用这个观照心来观所缘境,例如观照对方,不起分别而观。如果这时起了一个心念,想打败对方,就已经是分别了,所以心量要宽大广博。

站桩能把人站到风调雨顺。混元桩,意在山环水绕,这就是人体最大的风水。你只要站着,心就变了,人就变了,风水就变了。所以先心变,然后便有身变,身心两个就连接起来。我们不是去主宰那个心,一想主宰,立即就有分别。所以,立禅的方法就是拿身体去调整这个心。这样真的很微妙,

周身灵活挺拔舒适得力为基本不动的原则须以倒挂悬溪动静兼持同时起参立错综化同

明明是由心变才有身变，而要用身变来调整心变，这便是佛家所说的因果圆融，由因生果，果亦可以生因，所以，这个修法可以称为"果地修"。果地修成真心，放出来不执着于色、声、香、味、触、法，便是无所住的心，拿这个心去生活，也拿这个心去站桩。

【谈批】佛家修心，显宗是由因地修，密乘是由果地修，王芗斋大师是由果地修来站桩，这心法传至鸿坤，他秉承传统，所以便由密法来精进这果地修之修。

佛乘的究竟果是如来藏，也可以说是不二法门。依果地修，便以如来藏果为因，由是建立道法。现在落到站桩，由无分别心生无分别身（六根圆融的身），所以心是因，身是果。现在反过来，由身调整心，所以便是果地修。

这是站桩的最高心法，许多门派只懂由心调身，这样心便一定生出种种分别。现在由身调心，所以便可以建立无分别心。心无分别，气即无分别；气无分别，形即无分别。这样一来，只需练习站桩，就可以入中道，建立中神。由中神观照，便可以弹指而任运圆成，于对拳时，只是弹指而成因应，让对方只活在自己的心气场内。

---

*前页王芗斋先生手迹释文：内虚灵，外挺拔，舒适，得力，为基本不动的原则，须以刚柔、虚实、动静、紧松同时起参互错综作用。

5. 感知才是真知

以法安顿身心，身心安顿之后，身心不一不异，互相关联而不相碍。这就是身心的自然状态。这样，心的"觉知"能力就有了。这觉知的能力非由思维而来，思维一动，觉知的能力立刻就没了。因为落于思维，便依然是由心的因地来修，不是由无分别身的果地来修。

【谈批】身心不一不异，在拳理上非常重要。如何理解身心不一不异？身与心当然不一，身是具体的，心是抽象的，可是为什么说是不异呢？因为心依着身的动态而起念，身亦依着心念而起行，所以不能说他们是两个东西。明白身心的不一不异，然后才能明白下面所说的事理不一不异。

慢慢地依事而修，譬如依站桩而修，然后依试意而修，再依推手而修，这样一步步来行事，就可以证到这个理。反过来，依果地修，便可以拿理来指导这些事，事和理不一不异。以事证理，以理证事，很直接，不会节外生枝。

把过去的知识加进来，这是节外生枝，就把人领到那种知识的状态了。你这样站着，很舒服，忽然有人来一句，说你沉肩坠肘还没有呢。这就多出了一个东西，加进了一些知识。如果没有他这个知识，那么，你直接受用着自己的状态，就直接进入中神的状态。所以，任何外加的知识都是干扰。

理上事上只是唯一。有人说大成立禅是行上入，他们是理上入，这是见地不真。理和行是一个东西，光有理没有行，入不进去；光有行没有理，入进去也是糊涂的。

【谈批】由身心不一不异，进一步就知道事理的不一不异。一切行事都是事，行事需要合理，但不能把事与理分为两个东西。下面便用"知行合一"与"知行唯一"来说,前者有知与行的分别,只是想将这个分别合起来;后者是说本然,事与理本来唯一,不是作意于将他们合而为一。在拳理上,有作意于合一,那么,意与形便始终是两个东西。感知事理为一,那么,意与形就没有先后,因为不是两个东西。

"知行合一"这个说法有点笼统,知行就是一,不是合一。不是由知而行,因为凡行必然有知,没有知就不懂行。也不是由行而知,因为所知必然成行,没有行不依于知。小孩子学扒饭,是知还是行呢?那时候他根本不是知道扒饭然后才去扒饭,也不是扒饭然后才有一个扒饭的知。因此,我们说这个"知"是"感知"的知,而不是"知识"的知。

当下感知,只有行才能成感知,只有感知才能任运而行。不能拿思维、拿知识来解释知与行。所谓"格物致知",便是说感知的知。如果由知识来格物,见什么便格什么,那要累死的,而且你的心便有种种分别,倘如只是感知,那便是随缘观察、随缘格物。这样的心不但不累,还能入无分别,这就"通达无碍"了。

【谈批】由说知行,延伸到说感知,这是拳理的要害。感知,佛家说是觉。如何觉?不是依名言概念来觉,所以前面举例,你站桩站得很舒服,那便是进入一个本然的状态。如果有人提出"沉肩坠肘",那便是加上一个概念,由是本然的状态便成为概念的状态了。修禅定,这样就是这样,可能他这样还不究竟,可是他通过不断的行事,终于就会证入那个理。如果你在他观修时批评这、批评那,这修行人便会落入一个万花筒般的境界,捕捉这个境界,捕捉那个境界,真的会给累死。

拿着感知来练,就对了。这不是否定师父之所传,依着所传来练,感知自己之所练,这在佛家便叫作不增上。一增上,什么都会走样。不是说感知不能改变,慢慢通达了理,感知便随着慢慢改变。王芗斋大师又言,"我叫你这样练,你就这样练;你当真就这样练,那便错了",鸿坤说的就是这个意思。

6. 灵机不失

王芗斋先生养气桩

依理行事，需要灵机。

【谈批】佛家说，菩萨与佛的觉可周遍世间与法界，这便是依理行事，所以有觉即有灵机。

古人说："气以直养而无害，劲以曲蓄而有余。"那便是对灵机的静养。

养气有如积德，德行就是慢慢地从一言一行中培养出来的，是从不乱来、不儿戏中积累出来的。你想让人尊重你，说你这人德行厚重，见了你就起恭敬心，那你就不能儿戏、胡来。可是培养德行亦需要灵机，甚至可以说有德行才有灵机。诸葛亮未出茅庐天下三分已定，那便是由积累安天下之德，而有三分天下的灵机。

儒家传统要求出门没事不要乱说话。古人的"正襟危坐"是什么意思？这种坐不能靠着或倚着什么东西，而是要挺直腰杆、端正姿势，就像现代人坐在凳子边上且只坐半个屁股一样，时时刻刻用心警醒自己，所以时时有觉知的能力。倘如你往沙发上一靠，灵气、灵机便都没有了，身与心分成两个，就不是功夫的蓄发状态。没有灵机的状态只能任人宰割了。

【谈批】本节拳论说到怎样培养灵机，也可以说是培养觉知的能力。须知此处所谓培养，是不落名言概念、分别戏论而培养。

立禅即意，就是在生活当中随时保持着的自然状态，这状态了了分明，禅宗说是念念分明。这种本然的分明，便是灵机。拿推手为例，不是把对方推赢了，或者用断手把对方打了，就是胜利，因为这不能说是灵机。当时时刻刻有灵机时，别人打不了你。你常在一种灵机的状态，令对方无所着力、无所落点，这才是胜利。你看院子里的野猫，你说自己有功夫抓住它，但是它有灵机、反应快，你根本碰不着它，所以这个猫便赢了你。

【谈批】这段拳论很精彩，不是打击对方，而是令对方无所着力，这就有如《孙子兵法》所说的"不战而屈人之兵"，由是可知灵机的重要。

7. 入门要对

王选杰先生

"对"很重要，只能在对了以后，随着自己的实践——有句话是默识、揣摩——在"对"的这条路上，自己心领神会地往前走，不是"对"在这儿就停在这儿了。

每个人都不一样，每个人走的方向也不一样，但是那个门是对的。要进对这个门很重要。很多人没进门，便只在猜想中来默识，自己猜想咏春是这样、太极是那样，然后跟着默识来揣摩，便自以为已得门径，于是拜师入门。这是大部分人的问题。

所以，要入对门，就需要比较深入的认识，我的这本书就是希望引导人们认识大成拳、大成立禅。假如你认为拳法与佛法根本无关，那你的大成拳就不是大乘了。

对很重要，假如不对，便没法子学到、甚至没法子理解一个门派之所为。像王选杰老师的健舞，便是他对了以后从心性流露出来的功法境界。对的人，这境界有用；不对的人学习他的健舞便很可笑。对了以后，默识、揣摩，再默识、再揣摩，才能通透，才能将王老师的功法境界化入自己的心性，便是化入自己那个自性之中。

【谈批】这里说对，即是对路。学佛亦要对路，所以有些人只能学显宗，有些人可以学密宗。

8. 以清净心信受

知行唯一、感知都很重要。中国文化的断层,后人用西方的思维方法来解释、说明,自己还不知道这可能会成为大问题。中国传统文化的传承是耳提面命,口传心授。不需要理解,只需要信,有人教你,你照做,这时候出来的是真知。

【谈批】现在,出现了一些提倡打倒中医、推翻中国伦理道德的人,他们盲目崇拜西方文明并据以挑剔中国文化的问题,这种思想足以亡种亡国,而不待外来侵略者。这便不是用清净心来信受中国文化,所以他们的知,是以不知为知,完全不是感知,因为感知首先要去掉名言概念和分别,他们就落在西方文明这个概念里了。鸿坤说拳,能够针对这个毛病来说"以清净心信受",他就不只是一个拳师。也许我们要感谢王芗斋大师的传承,然后再感谢鸿坤老师,传承很重要啊!

一些人是学理论的,说理一个比一个"精通",能说会道,简单问题繁琐化,但身体一个比一个差,社会上的事啥都不懂;还有一些人认准一个法,不管其他,只管修行。这是两个极端。如果有正信,过去那些老师父,像郭云深教王芗斋这些人,哪个徒弟敢问啊?往那儿一站,没有一个问为什么这样站,这样站干吗?站,就在你站的过程当中。就像院里那几个孩子,给他们讲理,他们听不懂;让他站桩,你把他这样一扳,让他舒服着,他身体就知道做什么了。脑子知道不知道无所谓,身子已经知道了。有些人硬是不站,光靠思维想这是干什么,那是想不到的。

最严重的问题是什么呢?一个小孩子,你教他什么都可以,而心里有想

真精氣神

李景林題

法的人若不愿意按你教的那样做，他就很难学会。所以，需要把思维断掉，心生正信，才能入进去。有种种想法的人，就像王芗斋老先生所说，"聪明人练不了"，聪明人在练的过程中，会把自己的思维、自己的知识加进去，污染了这个法。

还有一种情形：太极拳过去一般是王公贵胄、世家子弟们练，后来老百姓也练二十四式了。老百姓一练就不是那个东西了，因为信受心不同，老师会传授整套拳法的心髓，学的人也用清净心来信受，慢慢地学，学得到心髓才满足。现在人学太极二十四式，自以为学了便可以强身，所以急功近利，追求的并不是太极的意境，而仅仅是一个个招式，就不是对太极拳的信受了，根本达不到学拳的应有目的。信受心不同，效果便不同。

【谈批】 我对此也非常感慨。学密宗的人但求佛加持、得佛感应，所以希望极力多学一点手印和无数咒语，那便有如老百姓学太极二十四式了。

9. 皆在知见中

日常练拳时，自己的知见容易冒出来而不自觉。六祖慧能很厉害，许多尚未悟道的人见到师父、离开师父都是一个样子，因为他们老是见到师父，没有自己的知见，非要依着师父不可。如果有知见就不同了。六祖离开时，五祖弘忍要划船送他过去，他说，"迷时师度，悟时自度"，自己划船走了。这似乎很平淡，但却是开悟的境界，自己的知见已经冒出来了，便不需要靠着师父来知见。

另一个极端，是误会自己所关切的东西便是知见，因此跟上师学得一些法门，自以为对法门中的一些法已经很理解了，于是便执着这一些法而自大。所以他们也不依靠上师，迷时也不要师度，当然便不能像六祖那样"悟时自度"了。

修行不当，容易让人达到作假的状态，进入作假的圈套，而自己还不知道。所以，要把中竖起来，把中弄活。学儒、学佛、学道、学任何东西，其根基是什么？生命是主体，要直接从生命的本源开始做这个事情。儒释道都是用这个身心，直接就从这个身体开始了。马一浮先生说，"儒释道俱是闲名"，就是说，儒释道只是个名字，身心要觉悟。《金刚经》的意旨是说，心要跟身融为一体，我们不是读《金刚经》，而是拿身体练《金刚经》。

【谈批】 知见很重要，死死随着老师不对，因为会抹杀自己的知见；不随着老师也不对，就根本无法从老师那里得到知见了。学什么东西都是这样，不光是学拳。

9. 皆在知见中

强种救国

张之江题

10. 共与不共

拉大绳、拧大枪、风火轮、站桩这四个东西有个共性，就是把中竖起来，练中的上下。但四者各有特点，性不同，特点不同：枪不拧出不去，枪要扎。除了体会中的上下，还要体会左右螺旋的波浪感。每一次开始拧枪时后手要压一下，压枪时把气压进丹田里，这口气就不能再起来了，这就是练枪时第一个很重要的东西。为什么枪厉害？过去人们练枪讲究，练枪期间不近女色，要不就伤气。想练枪，心里要有个数："前三后四"，就是提前三天不近女色才能练，练后四天不近女色才能保体。练完之后你精气就不够了，再不注意就伤了。把气压住，就是全身、腰胯、脊椎就围绕这团气，转这团气。这形于手，是手随身动，动也是帮助转这团气。

风火轮要练出感觉来才行。中不动，借棍势，棍助人气，不是技术，是用棍，要抢起来。

拉大绳肩膀要活，一挺胸，肩膀就活了。头抬起来，臂不用力，手随着绳子。把身上放空、放大，仿佛站在楼上，这样状态就出来了。大绳要抖起来，绳子的特点显出来，找到身体上下感以后，找前后的波浪感。这些东西最后都会辅助站桩，站桩不动当中有无穷的动，无穷动是看见什么就变成什么，因为没有死的状态。

这三种东西都是典型的状态，原理就是这样，看到水了身上就有水的状态，看到火了身上就有火的状态。这都是自性的流露，"聚则成形，散则成气"。它自己是没有的，"一法不立，无法不容"。

【谈批】大成拳练器械原来这么厉害！宁玛派修炼拙火、明点、心气、脉轮，四个东西同样有共和不共。

11. 真正的内家拳

若作意练拳，为练自身强壮，目标就不正确。这就与现代体育运动一样，是拿自己身体的强壮做运动。拳击、摔跤等都是练肌肉、练爆发力，是让身体的强壮来辅助增强爆发力。所以，练的时候、运动的时候，都不是心花怒放，都不是生命的自然绽放。

如果但求强壮，那么，练的无论是什么拳，也都会成为外家拳，很多人就把形意、太极、八卦练成了外家拳。

那内家拳是什么？内家拳也不是不运动，人们跑步、拉绳、走路都是内家拳。但是，表面看起来我们是在运动，实际上是把惯性去了，把名言概念去了，把心识的分别去了，让心生起大乐的状态，心花怒放，绽放生命，这才是内家拳。

内家拳有三个层次，第一个是恢复，第二个是培养，第三个是激发。

恢复：原来我们都心无分别，岁月将分别变成了我们的惯性，现在是要恢复无分别的状态。这要通过修身来恢复本初心性，即所谓因地心、果地觉。练习方法以复性桩为主，俗称恢复桩。

培养：是让无分别心慢慢广大，让大乐的心性也随着慢慢广大，不仅仅是心花绽放，也让身心都住在大乐的状态当中。这就是禅宗破重关的状态。练习方法以双三才桩为主。

激发：是将培养已成的身心状态蓄养起来，需要爆发时才爆发。一爆发，大乐与空性即合而为一，可以周遍到整个法界，我们凡夫也可以令乐空的力量周遍到一个广大的空间。回到果地上，就是拳式的爆发，爆发不是用来伤人，是用一个广大的空间来制敌。所以，大乐的状态永恒不失。

金丽贵先生

【谈批】无上瑜伽密说乐空,最深层次的说法是,空的如来法身与大乐的如来法身功德双运。落到拳法的层次,如来法身功德便有如拳师的乐空禅意,在空中生起大乐,那么,便如同将自然界力量归纳于心性之中。这样的内家拳,发的不是自己的内力,而是自然界力量与自己内力合一。

12. 立禅大成

  大成之道非集诸多门派精华之谓，乃超越拳法、显化人生、领悟生命真谛之意。王芗斋先生称为"大成"，实是要后人不可自限于招式的纯熟或功夫的增益，而要以身正心，由法入道，进而融于生活，以心印物，最终体悟生命，由儒入道，由道入佛，融中国传统文化精萃于一体，达到无边无碍，不住于相，以物用心的境界。

  大成立禅既是法门，也是指归。拳学之道是习练的载体，初旨是恢复人体的良知良能。人生之道是融入生活的自觉，视拳理与生活为一体之两面，是用大成立禅的状态来生活，以生生不息之机在日常生活中用万事万物觉悟身心，并以各种形式来实践大成立禅之功夫。生命之道即自然之道，是习练修为的法门真谛，是臻于天人合一的高妙化境。

  大成立禅的修练，功法系统，体系完善，次第有序，理明法妙，是历代先贤大德的经验和智慧的结晶，并由法脉维护传承和发扬广大。求道之人，欲凭一己之明而参其奥妙，往往会南辕北辙。若无法脉正途传承，急于功利而谬解曲迎，更难领悟其理之高妙、其法之正旨。为学日益，不住于相；为道日损，虚静通禅。要得法旨，除了个人因素、生活机缘，更需明师呕心培养呵护。这样日积月累，甚至历经生死之劫，才能有所成就，真正趋于大成。历史上师辈对法脉的珍视，往往超越了自己的生命。其中渊源，只有亲历者才能有所体会。

  【谈批】这样解释大成正中要害。学无上瑜伽密的如来藏，不光是学佛法，还要精通世间技艺，通达各宗派的思想，可以说是熔儒、道、佛于一炉。很多学佛的人不明白这个道理，我一说中州

学派的玄空风水、紫微斗数，就起哄说我学佛不纯。他们不知道宁玛派的祖师不败尊者，直至近代法王敦珠宁波车都懂得风水和占卜。莲花生大士说"道次第"，一开笔便教人怎样看风水来选择关房。敦珠宁波车还是戏曲专家，又懂得画画、写诗，这才是真正的胜义与世俗两种菩提心双运。鸿坤这样来解释大成，等于我解释如来藏，所以我才觉得将密法授与鸿坤，对大成拳法与如来藏密法都有裨益，他的弟子们也应该领悟这一点。

13. 说各家拳

练兵器很有讲究，古人练功夫没有长进的时候，用兵器找。兵器也分层次，最易练的是刀和棍，它们属于粗兵器，过去讲年刀月棍，比较容易掌握。

使剑讲人剑合一，剑里藏人，身剑融为一体，人剑各占一半。

枪为兵器之王，《手臂录》上讲："枪为诸器之王，以诸器遇枪立败也。"练枪就是要把枪性显出来，以枪用人，人要服务于枪性，把枪的灵性激发出来，以无我状态为枪服务。所以，练枪很难，是一辈子的事儿。过去的心意拳、形意拳是以枪演拳，尤其是八卦掌、老八掌，拿枪转更得劲。大成拳枪意更浓，表现在手形上是半握拳，这样空练。

心意拳更古一些，立意高，难传承，拳不出门，只传戴家的人，过去有句话讲，"只闻戴家拳打人，不见戴家人练拳"。一个猴蹲就是半天，灵性出来了，动一下就回来。难练的是心，心意拳的真实，一般人不敢置信。

形意拳是李洛能把儒家文化更明确地展现出来，心意诚于中，肢体形于外，以形取意，以意象形，形随意转，意自形生，是儒家的拳融合了道家文化，其祖师世称"神拳"。形意拳更容易传承，但后来慢慢没落了，后人都在形上做文章，越练越有劲。虽然有劲也有用，但结果是积重难返，最后失去了本意。

人的身体条件很复杂，方向就会很多。猫就不一样，它身体轻盈，肢体柔软，反应灵敏，但不可能练力量，再强壮也练不出大力量，所以，成就了灵敏的特点。人就不一样了，方向太多了，譬如身体强壮就会彰显力量，从这通道就延伸出去了。普通人就是力大打力小，手快打手慢，这在生活中确实很灵验。这时，他思维的维度不会变，训练的方法也不会变。

对抗致胜的方法有很多，有些人就掉入力量对抗的漩涡里出不来。不是说力量不好，有力量当然很好，但还有很多方法、多种通道，不一定仅仅依靠力量。一阵风就能把桌子上的摆设都吹乱了，这也是个通道，也是能量。还有空，"引进落空"，它没用力，突然找不到了，很柔、很空，柔与空就是能量；很刚、很硬，不能碰，一碰你就受不了，刚与硬也是能量。致胜的砝码多种多样，譬如整体的协调，能阻止你发挥不出力量，或者让你出来回不去等。若能利用这些方法，你会突然发现心里畅快多了，在对抗时你心里会更踏实，赢面就更大。

大成拳除了有形之外还有一个无形，包括意识的无形、中神的无形、虚空的无形、时空的无形，一下子多了四个通道；这四个通道再行组合，就会有无数个变化，这些组合对方看不到、看不懂，甚至不知道你在组合这些通道。

对抗也是通道，不过是心里执着的人才有的通道。执着的人听不进良言，感觉自己真有力量、真有速度、反应真快，但不知道自己的力量、速度已经在别人的通道里了，已经不是自己的了，他的通道已经给人家的通道夺取了，可是他自己还不明白。

组合最后就是机和势，太极拳讲究得机和得势。

太极拳有几个最重要的东西，一个是不能"双重"，一个是"松"。人人都说松，不知松什么，《拳论》有"松腰"一词，一松腰就有机了。太极拳说"去双重、松腰、得机得势"，是说得机、得势就能达到我顺人背、沾粘连随、不丢不顶、舍己从人。至于虚灵顶劲、气沉丹田、粘走、粘随等，都是手段和显现，都是为得机和得势服务的。走是一种势，粘是一种势，都是机和势。老《拳论》上有人加了一个"动静之机"，是想表现得更清楚、更细致。可是，这个时候都忘了动静，动静不参与了，脑子里没有了动静的概念，就像没有粘和走的概念一样。要在机和势里面说事，不能在概念上说事。

朱元璋题岳飞书前后出师表卷首

譬如写字,练书法的结体手法、练笔性的尖圆刚柔,都是手段,其实是练心性的流露。心性的流露要借助手法和笔性,但也不仅是手法和笔性。赵子昂的书法永远没有捺刀,李北海的书法永远笔笔转圆,这都是心性。

与大成拳的推手一样,我说拿中来干这个事,要借助这个手,其实不是这个手,但必须要用到这个手,手的能力不破坏中的能力,不破坏心性的流露,而且还必须用手来解决问题。就像拿着棍子一样,棍性可以施展出来为心性服务,可是施展棍性还要靠手性来下功夫,好像书法要靠手法和笔性。

【谈批】评论兵器和各家拳法,鸿坤是用大成拳的拳理,我担心他会开罪很多拳师。我知道他其实很真诚,根本没有恶意,绝非故意冒犯别人,所以,我在这里替他向各派拳师道歉了。

14. 说形意拳

聂德声有个练形意拳的师兄，练得不错，有功夫。形意拳容易练僵练硬，他师兄练得绵厚，这不容易。他出腿趟着地，他的手伸出去一看就有郭云深先生这一脉的传承。

郭云深先生老年时传艺给王芗斋先生，那时王先生才十几岁。郭老晚年的形意拳比较高妙，教了王芗斋先生一个能粘着空气的法门。所以，冯子中说："我们练形意拳的都没练错，不过，我们练的东西是前半部分，后半部分就是你练的大成拳的东西，别人练的还不是。"前半部分是指郭老早年所教，后半部分是指郭老晚年所教。

粘着空气的东西就是把人融到虚空当中，虚空之气引动身体，所以就没有外与内的分别。

【谈批】郭老所教的后半部分，亦即大成拳的东西，其实便是心气无二，不过他们说是"粘着空气的东西"。

出去与朋友交流切磋有个好处，就是能觅得进步的契机，回来后可以不停地往前推进。身上要有磨劲，出手如挫、回手是钩，这都知道；步若趟泥、摩胫前行，这也都知道；还有肘不离肋、摩荡，手不离心、摩荡，这容易困住，肘还要张开，还要呼吸，跟空气相磨。就这样一层一层递进。

有传承的人可能少了。跟空气摩你得有条件，肘不离肋，手不离心，跟身上摩，这样来回动作，是练形意拳。这样，手上的适应性就培养出来了，内部活了，让它自己能呼吸，能呼吸才能健康起来，才能活起来。自己这样摩、摩荡，一个是相摩，二个是鼓荡；摩荡时手肘伸出来，离开了肋，就自然和空气摩荡了，这就是身体粘着空气走。倘如手肘伸出来便立刻用劲，便不是粘着空气走。不粘着空气走，手劲便只能找一个落点，粘着空气走，便不需要找寻落点，已经由中神来控制了气场。

形意拳讲严谨，而大成拳放开了，没有形意拳那样严谨的练法。他们自己可能认为自己的东西缺乏这东西，实际上是有的，只是因为受到传授理念的束缚，不敢放开，才不知道有这个东西，知道了就敢放开。

手上先有起如挫、回如钩这东西，步子再有擦拉地这东西，跟地试力。手和手上的东西试力，然后肘不离肋；手不离心，这东西得有，这才完整。你放大了，肋呼吸，手自由了，就能随心所欲不逾矩。肋呼吸的时候，和空气照样还在摩荡状态，没有丢这个东西。

> 【谈批】上文所说的"东西"，便是佛家说的"如是"。这样来理解，就等于是宁玛派由生起次第练到圆满次第，所以大成拳深合密法。生起次第的觉受如是，进一步圆满次第的觉受如是，就是完整了、放大了。所以，我认定王芗斋老先生一定精通密法，他跟法尊法师、能海法师结交，学的可能是格鲁派的密法，因为他的拳理有点西藏应成派的影子。

自由的手好像互相不搭杆，但还是出手如挫、回手如钩的状态。形意拳的龙形脚、大成拳的穿裆腿都是跳起来练、跳起来用，与地拉簧、拉皮筋的关系就没丢，这才是"随心所欲不逾矩"，放大了，不拘于形式了。有些人在对拳时，腿贴着地不敢抬，很认真，后手还有动作，"前手打人，后手用力"，做得都对。不过，把大部分的精力都用在要把这些东西搞对上，反而不对了。为什么看着对，实际上已经不对了呢？对，就只要一个东西，那就是"中竖起来"，除此之外，不但不能循规蹈矩，而且还要破这个规矩。说是破，其实还要合这个规矩，破还得合，才符合这个东西。不要见人都"摩胫摩胫"、两小臂乱挫，那不行。如是如是，那就对了。

> 【谈批】这个东西不失，应该就是如是如是，这是觉受的问题。佛家说唯心自分别，唯心自显现，唯心所自见，是三个觉受的

境界。现在《拳论》所说，是唯心自显现的如是。

不能把拳术按初级、中级和高级划分，不能这么说。从发展进程上说，不同的历史阶段不是直线上升的，而是平移的。现代拳术经过形意拳、意拳和大成拳等三个阶段，每个阶段都能练到一定程度，我们不能说这个就比那个高级。但人的思想是变化的，会越来越开阔，或在形式上发生变化，也在与时俱进。如果论高低，难免泥古不化、故步自封之嫌。拳术产生的时代背景很重要，可能是一个循规蹈矩的年代，开始会形成一种规矩并逐渐固定下来。后人认为老规矩不能变，就会一直延续下来。特别是练拳的人，有些人老说，"我们这拳没走样，几代人不变"。这种看法肯定是错的。人跟人不一样，心跟心不一样，不可能用一样的东西把它们都串起来。他早年的拳法和晚年的拳法都不一样，你现在还死死固定在一个东西上，说几十年都没变过，那是固执，连自己都会受骗。没有不变的事物，觉悟的过程几分钟就有变化，这样行，那样也行，都行。这都是形式，更重要的是还要破一些东西。两个人一出手就能挂上劲，别人看着，哎呀！是真功夫！他一听就入了心，放不下了，给人用时他也这样。其实，挂上劲就已经不能用了，他形成了自己的一个东西，跟对方已经没有关系了。他应该身心放空，这才是随时能用的东西。一些练拳的人感觉力量很完整，还欣赏这种完整，其实这也不能用。你得慢慢把这化得没有，没有的"有"才能用，感觉对方出不来你才随时能打，把对方定到那儿了。若不是这样，别人看你表演时，自己还觉得挺美。人们都贪图这些东西，抱着不愿放。

【谈批】佛家说，觉受一定会有变化。初学的人，他的觉受一定跟老修行人不同，学习进步到一定程度，他会很喜欢自己的觉受，不肯舍弃，就像练拳的人欣赏这种完整一样。其实，从来没有完整，除非成佛，才能得到圆觉（圆满的证觉）。所以，表演拳法会觉得挺美，但不能贪图这种感觉。正如修法的人，不能贪图自己喜欢的觉受。

14. 说形意拳

意体出来，两人一照面，对方的瞬间反应变慢，你就处在控制打击的状态，这就决定了两个人构不成对抗，而是对方等着你打他。练拳就练这个东西。两个人一照面就虚实开合，你能否打对方，对方能不能打你，就看能不能合上。如果对方失中、失神，就是你做对了；如果你突然感到自己失中、失神，就是对方做对了。就是这一下，你要真懂。

不管面对多少人，你只要往跟前一走，所有人都处在挨打的状态。慢慢感受这个东西，感受这个气场，你就知道，一上手，对方无论多少人，他们的神都被夺了，这就是神拳。形意拳过去也叫神拳。

【谈批】夺对方的神，等于修密法能自然得到气场。走到老修行人身边，常常会感到他的气场。佛和菩萨的气场就是圆光。

15. 练拳三境界

练拳有三个境界。

第一种境界是完善自身的资本。这有几个途径，一个是揉身、揉筋，一个是站桩。这两个东西可以把身体弄得很棒，别人要打你，一时半会还打不伤；你发起蛮牛劲来，一般人还打不过你。很多人以为这是功夫，其实这还不是功夫。

第二种境界是自身有技术。有了资本，还要有技术。你拳头来了，他身体会变一下，会运用一些身体的生理结构和自然力学结构来应对。懂得这个层面，常规的用已经有了，很多人就停留在这个层面。

第三种境界是大成的层面。不仅仅是技术，是身体具备了这种能量后还要气化掉。跟对方合上，没有自己，用对方，对方的动就是你的动。这是超常规的功夫。

有人说，自己有基本功夫，力量大、速度快，别人没功夫怎么样怎么样。如果你是火车、汽车，力量大、速度快，前面放个东西你能撞；但别说撞飞机了，就是空中的风筝你也撞不了，因为不是同一个维度。我们练的是空中的东西，气中的东西。所谓有功夫的人，说的是地上这个维度的东西。所以，心要过关，心不过关你就是火车、汽车的状态，地上这个维度的状态，不是飞机的状态。心里过关了就是飞机的状态，超越了地上这个维度。为什么要懂得禅宗和密宗？就是为了让心能超越种种维度，连飞机的维度都超越。可以说，进入禅和密的状态后，一切维度皆不落，所以没有前后上下四方。

【谈批】前两种境界都是识境的境界，永远落在名言概念，所

以有局限,永远只能跟着技术来打,打时还要猜测对方用什么技巧,这不是任运圆成,他的圆成靠思维。

第三种境界便是立禅的境界、入密的境界,这样才可以任运圆成。任运不是随手,是凭觉知来出手,手到气到,所以可以圆成。

16. 站桩要领

神气由膝生起，心、腰、肩颈皆松。中国文化讲整体，灵机产生的状态就是整体，只要有生机就是整体，没有生机就不是整体。整体不是练得很整，很整只是形式，那是僵硬，其实不是整体。整体是活的，上下相随、内外相合，身内与身外通透，这才是整体。

胸部不能挺，但是不能像含胸拔背，形上含胸拔背是错的。不含胸，是畅胸实腹。畅胸实腹是秘传，含胸拔背是意不是形。

胸部通畅，腹部实在，小腹松活；神气在膝盖里面，灵气在头顶，这才是桩，这才是站桩的秘诀。肩膀是沉的，肩沉气按，肩膀一沉气就下来了，肩膀一提气就上来了。

似笑非笑，似笑非笑了出来弹性状态，身体的这种灵机状态就把习气给断了。你守着这个身体的灵机状态的时候，习气就进不来。然后似尿非尿，心胸就开了。似尿非尿的时候就不对抗了，然后再体会膝盖和腰，和腰连起来。站一分就有一分收获，要保持这状态。

学会了站桩就没有了秘密。如果不动手，就是真正的无手了。无手，身体就是手，把手闲起来了，本体就动了。

【谈批】 站桩之法真的是千古不传之秘。照这个原则来站，就等于密宗修心气无二最后一个阶段的"净息"。净息是住入法界生机之中，得法界生机之气，也可以说是自己的无分别意，能驾驭法界生机之气。如果晓得这个道理，同时知道怎么修，再跟这些站桩的秘传结合起来，那便是人与法界的自然结合。这是修禅修密的极高境界，名为"禅那"。

16. 站桩要领

体光法师

17. 练习听劲

没有敌意，只是感知；没有对抗，只是连接。

你有敌意心就紧了，你有对抗就变成敌我两个东西了。它本来是两个东西，你一连接它就是一个东西。成了一个东西，你就是主宰，因为你腰是松的，让对方腰紧，打他的腰眼。怎么打？就是一碰他，用你的腰拱他的腰。

再没有具体的方法了，方法就是多听。两个人用手多感知这个劲儿，多听这个劲儿，有时候拉一拉、推一推。

这样只是练习，不要认为这个就是连接，不能把全部精力放在这，但是这种练习可以帮助你了解这个东西。你可以不用劲，你也可以用劲，随便，不过一定要听劲。不是用耳朵来听，是用手来听。手能觉知，不是靠触觉而知，是用无分别心的感觉来知，这知就是听。

17. 练习听劲

听劲最能检验这个心了。有些人的心落在概念分别，遇到力大的人，便根据分别来反应，最容易硬来。这不对，遇到大力还是这样，你的心不变，无论进退都守住中的状态。硬来不行，凭觉知找一个合适的落点，随意适应地来找，总有一个合适的落点给你找着。如果对方水平高，你感应不到合适的落点，只要守着中神，突然一下就会找到合适的了，这就是任运。所以，你的中不能丢，神不能被夺。推手就是守这个神，能够保持守中守神，一定可以任运适应对方。

不能一上来就弓步，整个后腿都往上了。你要老是跟力量小的人推无所谓，若突然跟力量大的人推，就容易把你的分别心调出来。此外，你还不能靠分别心来判断自己已经找到了，这就不是凭觉知而得的任运。怎样才能令觉知不落分别呢？还是我们说的这个东西，守中守神而立禅，立禅即意，由于意与气无二，便能在气场中找到通道。

【谈批】这里说的听劲，亦已说明由心气无二而任运圆成，由此可知大成拳的要诀实在于心气无二。

18. 这样打法

若对方喜欢用劲，一上来就用劲，你就用他的劲，要使来劲成为你的势，空着打；若对方一上来不爱用劲，你要叫紧了，就是让他的精神紧张，然后再打。

说"空着打"，不是吓他一下，是把对方引到无能状态再打。还有"死了打"，是把对方搞入僵硬状态，然后再打。"空着打"和"死了打"两种用法都不是对抗，也对抗不上，一个是无能状态，一个是僵硬状态。

对付僵硬状态的"死了打"，是对方不能发功，自己可以发功。空着打，自己是省事了，不过也得发功，只是不显露，不显露自己发什么功。两种打都是用中。用中，身体便不执着惯性，碰上喜欢用劲力的人，他一发劲，你自然就形成了这个东西，所以有势，因为他的劲已经落空。碰上喜欢发短劲的人，直接就把他叫起来。喜欢短劲的好挫，他挫出来就回不去了。

要懂得怎样打，须先立身中正，身体才能左右旋转。只要对方扑你，你就立身中正。立身中正的好处是立轴转，杨露禅所说"全凭脚下变，全凭立轴转"，就是这个道理。

【谈批】我不懂拳法，也从来只是挨打不还手（小时候就常给老妈子打），所以这些我都不敢批。不过可以说一句，用"中"真的很要紧，身不中则意不中，意不中则气不中，气不中必多杂念。跟人对拳，如有杂念，必败无疑。

18. 这样打法

衛生禦侮

浙江國術遊藝大會彙刊

蔡元培題

19. 又是站桩

　　这个桩不易站对，为什么？因为很多人都不是按桩的要求，而是按自己的要求或习惯来站，很难改。也就是说，许多人很容易拿自己的知识、经验、阅历来认识、理解这个东西，而不明白自己的见识跟这个东西距离很大。所以，要把自己放下。放不下不是不愿意放下，是因为不知道放什么，所以放不下。慢慢来，仔细听，把原来的习惯挤出去才能学会。

　　站桩最重要的东西不是松，第一个要领是站桩时把神气拎起来，不需要拿着劲。拿着劲就会滞而不灵，不是练的中，这是本质区别。

　　一些教拳老师说，松是为了让人竖起来，可是学的人仅是意松，神却竖不起来了。正确的方法是先把神竖起来，然后才放松。所以，拎起来的神与虚空是本体，有形之身是本体的不一不异境界。

　　把自己拎起来，拎的同时肌肉放松，骨架放松。这就是一个整体状态了，能站成一个整体状态是第一步粗浅功夫。

　　接着，便还要将骨肉的整体状态融入神气之中。这时，这个整体运动是静止的，它没动，外形是静止的，但是，这状态是活的，不一不异，同动同静。

　　站桩站到的就是乐，另一个要领就是乐。眉心放松，精神在中的状态，你要愁眉苦脸就不是中，出现兴奋状态也不是中。似笑非笑就是乐的状态，也是站桩的状态，其实是本然的无分别状态。

　　本来说"似笑非笑，似尿非尿"，但对初学者讲"似尿非尿"就有点多了。"似尿非尿"，能让所有关节的灵机代替了身体的惯性，破除了惯性。因为惯性即是名言概念、分别的习气，关节的空灵便去除了这些习气，这

19. 又是站桩

王选杰先生

样,凡有所动都非惯性而动,所有关节也是随灵性的感知而动。依王阳明的说法,便是恢复了良知良能状态。这是形。

现在说神。就是眼睛的神光不能射出去,也不能站着站着睡着了,那就是神散了,神散和神出去都不是。形、神还有意,为什么"似笑非笑"呢?"似笑非笑"让这个意在一种没有对抗的状态,"似笑非笑"的时候跟外边打成一片了,就不是对抗。但是,不能笑过了,笑过了气就泄;绷着脸也不行,绷着脸就是自己落实了,同时外边也落实了,就成了两个东西。"似笑非笑"跟外边只是一个东西,内外相合。"似尿非尿"是让腹部宽开,所以是熔的状态。

有了形,有了神,就该说踝关节了。踝关节也有个合,踝关节一松,你的小腿、脚和地面就成了一个整体。脚长在自己身上,脚和地合,便是身与地合。合是怎样一种状态?即使脚弹起来,腿在空中,但像弹簧依附着地面来弹，所以依然是脚与地合，不光是脚站在地上才能相合，所以脚可以离开地，离开了依然是合。

"虚灵顶劲"也是合。喉头要虚，喉头一虚脑袋就虚，脑袋一虚就融到空中，就跟虚空相合。虚空是天，天地人合一，所以，所谓虚空亦是天地人合一的虚空。

只要喉头一虚，虚灵就跟空合；踝关节一虚，脚就与地合；推手是手与人合。头与天合、脚与地合、手与人合，是为"三合"。人生活在"三合"的状态中，就是把整个人融入虚空。《太极拳论》中有句话叫"牵动四两拨千斤"，必须要整个人融入虚空才能做得到。如果合不上，你怎能拨得动？因为依然是对立。你把绳子拴到牛脖子上是拉不动它的，你跟他合上了之后，把绳子拴到牛鼻子上轻轻一拉，那便是"牵动四两拨千斤"。

站桩就站这个"三合"状态，可与天地同功。

【谈批】"四两拨千斤"原来是这样！我一直以来还以为是用巧劲，谁知不是巧劲，而是进入"三合"状态后的任运。我懂得怎样进入"三合"状态，也懂得任运，而偏偏不知道四两拨千斤，可见什么事情都得有个口诀。

20. 变化身心

"天心即我心","尽物之性,成己之德"。运用到拳上,就是将绳子的性、棍子的性、枪的性,用到自己身上。见到什么,就将什么引为己用,把这些东西练到身上,就能体认。这就是练。

练是以身正心,即是前面说过的"果地修"。当身不碍心时,真心才能显现,所以,由身起修才能正心。所谓修,其实就是修身不碍心,怎么做呢?例如,你见一个孩子很乖,想亲亲他,一落在概念上,就会先看看孩子的脸面干不干净,不是一下子就亲下去,这便是以身碍心;如果身能任运,自然就会亲到孩子脸上干净的地方,这便是身心合一。所以,以身正心其实是身心合一而已。身心合一,就自然任运而动,不思维、不计较是为自然,也就是不动心。

不动心,心意拳讲,"心意诚于中,肢体形于外"。只要用功用心立中立神,进入"三合"的状态,很快就能掌握不动心的要诀。练的时候,腿抬不起来就练抬腿,抬起来就迈过去了,功夫在这儿过去就是,就不必再用功夫了。大成拳没有落于概念的技术,没有作意的沉肩坠肘、作意的含胸拔背、作意的气沉丹田这些作意的动作,也没有作意的要领,啥都不作意,只是变换身心。最大的技术就是,你原来是一头羊,让你变成狮子,这是真正的技术。

要正心,最重要的是不能相信有一个"自己"。什么叫大成?断了分别习气以后就是大成。有"自己"的想法,就是习气分别。唯有断除习气分别,才能像羊变狮子一样进入大成。

【谈批】修禅、修密,其实都是变换气质。凡夫的气质是常分别，由入分别到觉无分别，这便是变换气质，可以由菩萨而成佛。当能现证无分别时，人就会变成狮子，所以，释迦说如来藏便称为"狮子吼"。

过去形意拳有句话叫"起如挑担"，是说腿上要有弹性。

意识控制身体的能力需要慢慢地增强，身体任何一点要想松它就松了。因为意识从来没有这样控制过身体，所以开始身体并不听话。如果你老是这样站、这样控制，就会回到一种状态，即没有执着的状态，也就是有智慧的身心觉悟的状态。

很多人觉得自己已经练得很好了，为什么还要练这个？自以为很好，其实也是习气，只是名言概念的小聪明。练这个，就能回复到感知万物的状态，这是人的本然状态。本然受到歪曲就是习气的状态。

所以，站桩有个诀窍，就是不用劲、不能夹杂自己的想法，因为不能用自己的小聪明。你以为怎么样一下就能很好了？不能！不能随着你的小聪明来动作。这是重要的诀窍，该怎么站就怎么站，不能夹着自己一丝一毫的东西。就这样硬撑着，耗！耗这个桩，这是唯一的途径。加一点自己的东西进去，就会"差之毫厘，谬以千里"。所以过去都说，这功夫笨人练不了，聪明人也练不了，心地纯厚的人才能练成。因此，还有一句口诀，叫作"聪明人用笨功夫"，有智慧的人看出了只有这一条路，那就是笨功夫，不能自己琢磨。一琢磨，后门就打开了，这东西就出去了，丢掉了。因为本然的感知不是琢磨，琢磨只是思维与分别。

要时不时地想到这个要领，如果杂念出来了更是应该把这个要领多想几遍，"似笑非笑"就跟外面合了，不对抗了，神光就内敛而不露出来。但是，神也不能缩回去，缩回去一会儿就想睡觉了。意和神都有了，眼睛就要视而不见，看见跟没看见一个样。然后身体进入灵机状态，就把平常身体的不良习惯剔除掉了，因为你这个东西在，那个东西就进不来，自己就安住在一个舒适得力的状态，这是形神意。

20. 变化身心

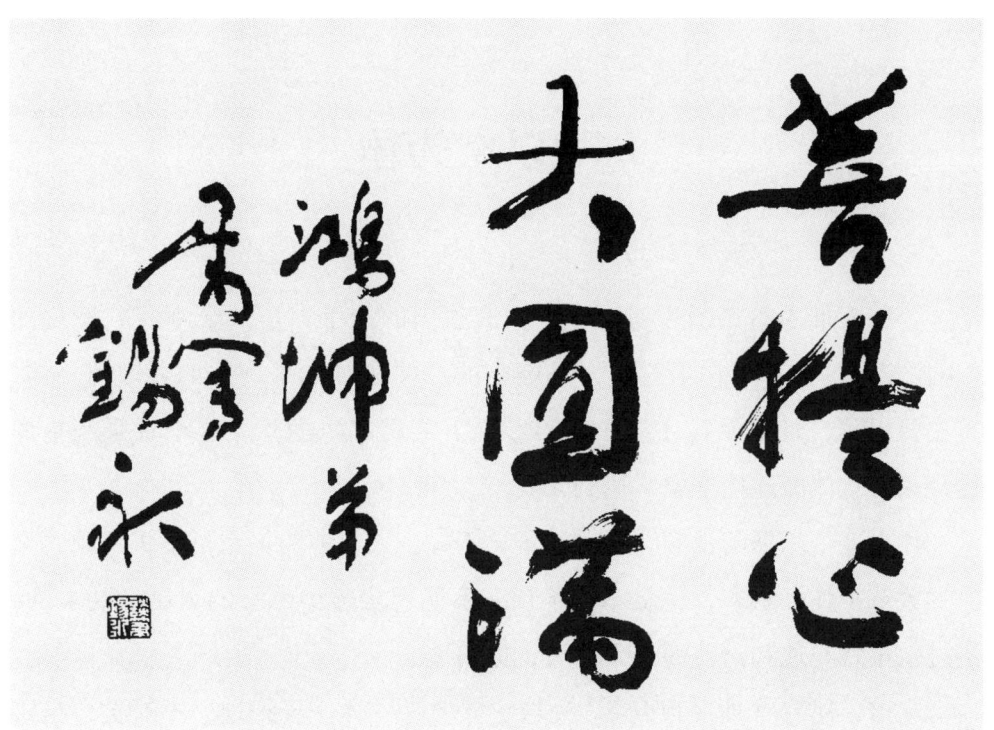

"似尿非尿"在熔的状态，古人把这叫大熔炉，就是能量的源泉、后天的源泉。这后天的源泉有什么用？是把所有的杂念，好的念、坏的念，好的事儿、坏的事儿，所有的事儿都放到这儿熔化掉变成能量，这就不怕惹事儿了。把这个机制开发起来，有事儿就有能量，成良性循环了，这事儿就不是事儿了，反而成了能量的原材料。

【谈批】鸿坤说站桩，我觉得"似笑非笑，似尿非尿"两句最为传神。"似笑非笑"是心神跟外面相合，"似尿非尿"是能量的源泉。这可以用如来藏思想所说的法身功德来解释。

法身功德有两份，一份是"明分"，也可以说是"区别分"，任何生命形态都能知区别，所以我们对一花一草都了知其相异，这便是心神与外境相合。另一份是"现分"，即是生机，也可以说是能量的源泉。

21. 以空为体

普通人推手有个敌，有个我。大成法门的推手，是《金刚经》所说的"不住相"的推手，它不对抗，是虚空的，你和对方是一体的。做到一体，首先要无我，只有无我才能一体。形脱了之后产生的意，这个意是完整的体，只有意体能连接虚空，达到无我。

你看这个练拳的视频，压着地了，不好。人与地的关系是不丢不顶。全身的关节是弹性状态，也是不丢不顶。不能否认这个练拳的人是有功夫的，不过他不是与地和谐，而是人归人，地归地。

和谐，还有"虚灵顶劲"，头与虚空融为一体。天人地，不对抗，是一个，与天合，与地合，与物合。拿合一的东西格物致知，物可以是对手。如果把物当作对手跟它合，它就不是对手，而是自体的延伸，自体的延伸自己就能做主。所以，推手这件事，就是要让对手成为你身体的一部分。这也是前面说过的"三合"状态。

有的人扎马步，好像是从地上生出来一样，他们这是接地功夫。大成立禅是接天不接地，是虚空的延伸。只有这样，才能得灵得中。融入之后不是什么都没有，相反，只有在融入之后才能做种种事，这便是《拳论》所说的"须得无中有，还知色即空"，这句话是大成法门的心法，要领悟透彻。

【谈批】对学拳的人来说，"三合"对扎马的功夫非常重要。

扎马的人用力压着地面，这样来与地接，原来是错的。这里说是接天不接地才能融入虚空，跟地接着就不能融入。

为什么要融入呢？大成《拳论》说"须得无中有，还知色即空"，如果不能融入虚空（接天不接地），一切拳法的有便只是虚幻

21. 以空为体

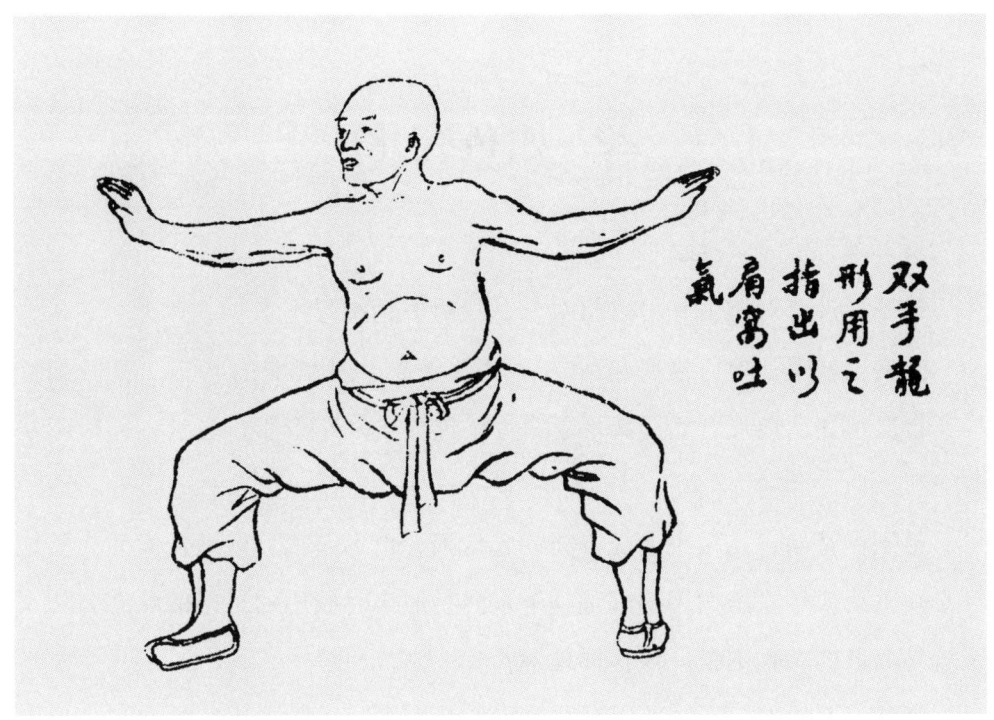

双手龙形用之
指出以
肩窝吐
气

的假有,不是"色即是空,空即是色"的"无中有"。

也许有人不以为然,这便是拳派的分别,即使主张用力用劲,主张马步要紧,其实也并不反对空灵,劲力要空灵,马步亦必须空灵,否则便不能移动了。金庸说的"凌波微步",说是依着六十四卦来移步,其实无论怎样走卦位,亦必须是空灵然后走得到。

扎马的人不妨试一试不用脚力来压地的方法。

22. 如鱼在水

弟子：没有对抗就是可以打对方，让对方精神起不来？

师父：就是让对方没有精神，让对方处在一种僵滞的状态。要做到这样，自己须先从离形开始，离形了自性才能显现。用形彰显自性，同时不执着于形。

弟子：譬如，几只小老虎自小一起玩闹，也不露爪，但是长大后为了地盘必须生死搏斗。虽然用的都是一个东西，但小时候用的是形的状态，长大了就是离形的，是不是应该这样理解？

师父：不执着于形，所以动物的形容易合理，人的形不容易合理，形上要把那些预设的想当然的东西去掉。首先合乎生理，合乎和对方对抗的间架结构之理，只有这样，才能彰显心性的通道。

弟子：是不是动时要有形的动，但做的时候要能忘形？

师父：不是，你动的时候，还是动那个无形，不过显出来的是有形，无形的是体。要让意把有形的身体包裹起来，不是形体带着意体。做的时候肩、胯、膝、肘等关节都不能有紧的地方，紧了以后就把意阻断了。你的意是整个水流，形是水流里面的一条鱼。要练这个本能性的拳法，就不应该老比武，就得练，练出那种剥离的、不动心的状态，慢慢把周围的气给弄实了，一举一动都是这种状态。到时候拳拳不空，一拳过去像炸开一样。

在这种状态下是不动情绪的，一动情绪身上就紧，身上紧了就不能在水里游泳，就不是这个拳了。练拳练得面目狰狞的那种不是这个拳。立禅的功夫要站到没有想法，精神笼罩着对方，出来在水里游泳的感觉。说透了，不能注意形，还得用形，才能彰显心性。

22. 如鱼在水

修炼的时候要心无杂念,心越练越明亮,越明亮就越有功夫。什么功夫呢?就是外相夺不了你的心。你拿这个心去做事情,心就很大,心大了看谁都弱。然后你再看对方的时候,不是看对方的心,而是看对方的势、看对方的意、看对方的意图;如果对方用形你就过他,对方抽回去也出不来了。如果对方也有这种状态,你的精神就要过他,包住他,你还是水里的一条鱼。他有这个精神但不见得是水里的鱼,而你身上是没有障碍的。

现在的人对抗的时候都做不到身上没有障碍,因为他动情绪,他不在水里面,他不是一条鱼。他没有立禅修炼,质未变,就不是一条鱼。修炼当中你变了这个东西,用的就是这个东西,你得变了这个东西才行。你变不了这个东西,对抗的时候虽然精神出来了,自以为身体不紧,但实际还是紧的。你如果是紧的,打人的时候也许很重,但它是冲撞,不是炸开,炸力无间断,不是穿透力。

弟子:要达到师父所说的境界,是不是要下很大的功夫?

师父:不是,你观照就可以,心在这就可以,有了心,这个东西就是生活的主体。如果再加上一天七八个小时,或者十几个小时的专门练习,一连七天就把这个东西稳固了。老在这种状态,你看多厉害。怎么让立禅的功夫壮大呢?除了日常观照它以外,还要集中训练;集中训练还不够,你还得有意识;平时是自己训练,还要有意识地拿人拿物来训练。你不是不动心吗?给你放个捣蛋鬼看你动心不?你不是不恐惧吗?如果谁把你儿子给弄走了,看你恐惧不?我的意思是,你要逐步增加它的强度。一般情况下,风平浪静的时候,一个个都跟大哥一样不动心;一有风吹草动,立禅的功夫就没了。所以,要不停地增加它的功夫。

这个拳如果缺少打这一块,你就悟不透,穿透了才是。对于禅来说,技击只是形。譬如拿断手才能彰显,你如果拿别的东西来彰显,就不彻底。另外少发劲,现在是内养,感觉身体不错,以前猛练的时候看上去身体很棒,但是内在不好,因为消耗过多。随着年龄的增长,养要多一点。我现在是从

立禅即意：大成拳学讲习录

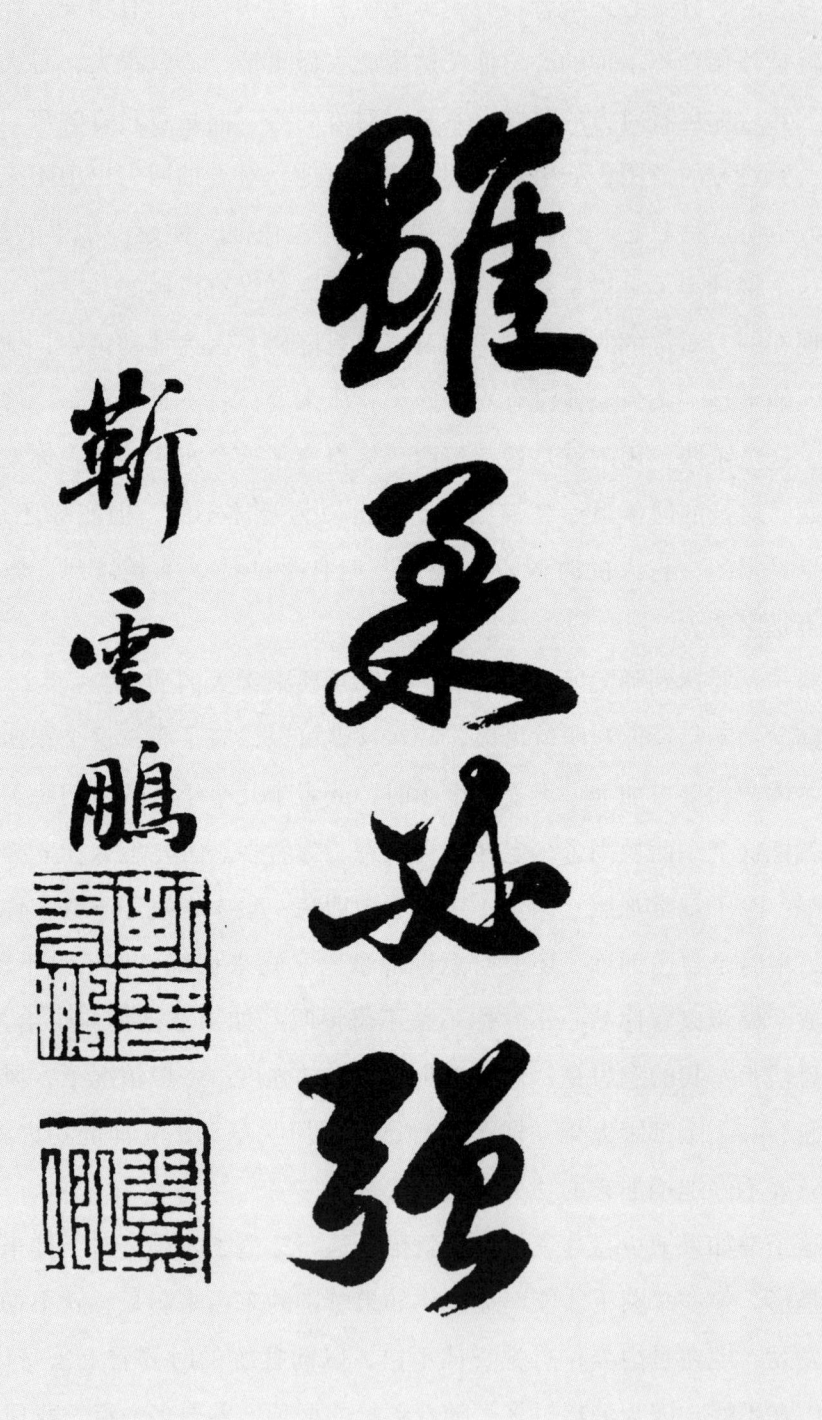

整体道理上说技击这个事情，而不是说他怎么样，你应该怎么样。

弟子： 我现在站桩感觉尾椎都胀了。

师父： 别管这些事情。一管便落在分别和概念上，没有尾椎，没有胀。

弟子： 很多东西在您这里得到启用，会比原来走出很远。

师父： 我知道，因为我传的法。只有练，慢慢练着，你的心性才会变得博大。就是要练空了，无所谓有、无所谓无这个东西，对这个事情是视而不见、听而不闻的状态，这跟六尘不染是一样的。就要练这个东西，没有喜欢、不喜欢的。我拿语言表达了一下它的状态，其实没有这个东西，而且不能有这个东西。就像我教拳一样，多别扭的人我都教，别扭是他的事情，不能因为对方的态度而改变我们的心。你要不染这个东西，对谁都要客气，为人处世都是这个东西。

要给我的一些老师兄解释明白，说话我都要小心翼翼的，就怕一句话把他们伤害了，就怕还没有增进情谊就把他们给伤了。他们说话要过头了，你就应该舒服，哦，他们总算发泄了，别让他们憋着。我现在给别人教拳，即使有人别有用心，我也不紧张。人要有观照自己、观照别人、观照周围环境的功夫。

这是觉察力的体现。觉察力不是有意识地观察，而是自然地显现。而且要自处弱下，这不是说刻意低调，而是自然的流露。不然，会外表很低调，实际上是在装，是假的。自然而然地自处弱下，心就开了。

弟子： 我现在发火的时候已经很少了。

师父： 发火多是无明火。无明是什么意思？就是不明白、糊涂。发火大多是愚昧的表现，是堵住了、不通达，通达了就很难发火了，空了就通了。

现在立禅是第一步，到站混元桩的时候你再看，天大的火都没了。而且，你手端起来，能平衡身体、平衡心理。现在是正手，到时候再站反手，身上就全开了。这个桩的理就是这样，要通透了。

【谈批】 师徒对话，我不宜插嘴。

23. 空的状态

站桩是能让空的状态显现出来的最好办法。出来以后，你就可以任运而行住坐卧。因为是用意体来行住坐卧，所以能任运。站桩便只不过是一种任运的生活形态，习惯了住于守中守神的感知状态里，便是空的状态。习惯了这种空的状态，连生活都是空的状态，就可以随手应敌。因为应敌也是一种生活状态。

应敌的任运在势而不在形，能在空的状态中就有势，因为空，气场就大了，这就是势，就会"威而不怒"。有些人着意玩形，那是"怒而不威"，因为发劲似乎很怒，甚至大声呼喊、面目狰狞。不过，他们愈怒，其气场反而愈小。你说，他们很能吓人，是的，他们的确很能吓比他们气场更小的人。

如果得势不在形，那么就可以说，在中神充满的状态下，身的整体，形大不如形小，形小不如无形。形没了但是得势，势从中气产生；中气发出来，势便发出来。形比较小，势就比较大；形太大，中气反而发不出来。

【谈批】 这里用有势来说"怒而不威"，用无势来说"威而不怒"，很传神。

这可以说个小故事来印证。以前香港湾仔区有一个黑社会的小头目，生得又矮又瘦。有一天，他在茶楼喝茶，出来后忽见八个小子都拿着刀，隔着几步包围了他。这小头目很是了得，一弯腰，拿起茶楼门口报摊的一叠报纸，再挺起身来一踏脚，喝道："打死你班冚家铲。"喝时双眼瞪着一个最瘦的小子，那小子给他的威风吓住，身一抖，刀便坠地。他飞身一脚将那小子踢开，弯身随手将刀

23. 空的状态

此形属上同一法门
惟动手最难相应此
为龙形手

拾起,将那叠报纸挥散,舞一个刀花,于是几个小子便转身逃走。剩下两个人,正想挥刀,他抢近一个人的身,用手中撒剩的报纸拍他的刀,那个人的刀居然也坠了地。另一个人见此情景,也转身逃走了。过后,这小头目声名大噪,说他一叠报纸打八张刀。后来有人问过那八个小子,为什么有八张刀都怕他的报纸,那些小子说,望见他的样子就已经不敢出刀了。这便是威势了,对敌在势不在形。

24. 两人搭手

与人搭手的时候，要等对方变化。有两种变化，一是对方不跟了，一是对方用力了；突然而来或突然而回，都是一个新的开始——从平衡状态到非平衡状态。不能自己先变化。对方会走着走着突然不走了，不走没问题，退也没问题，只要他跟不上自己这个状态就行。如果跟得上，便还在这个通道中，自己一变，对方也变，就还在这个管道中。搭手的理便是这样。

要多练，意要大，把对方笼罩着，就没有缝隙。中竖起来很重要，自己始终是这个状态，而且神气要透过对方、包容对方，这样对方就脱不开了。这样"以中夺人"，对方摘不开，没有机会给他离开。

所以，练搭手首先要把中站出来，然后让中弥漫开。做动作不能对敌，要透过对方的身体来动，意在对方的背后，这样才能掌握包容。不是对打，对打包不住对方，只是想用形来包住。现在要用意将对方包住，这样打，心里就没有压力，因为已经于对方融为一体了，不是对抗状态，而是用包容来控制，就能打了。具体来说，用意来过中，当对方用力时，对方的中就落到我的身上，成为我的中，这样对方就无所发挥。所以，当与人搭手时，看的不是对方的力和形，而是对方无形的中；不是用眼看，而是用空灵的觉知来看。

再说得具体一些，要看对方的中，不是看对方的形；要打对方的中，让对方失去中，让自己的中超越、包容对方。对方一变，你就能打了。因为他的变是形变，一着重了形，这个形还有劲力，而他的中却变得没有了力量。这时你打的是他的中，不是打他的形，便我强彼弱了。

要记住，中是形的主宰，我们练的就是这个中。凡是变形，在变化的刹那便必然失中，所以，应该以不变来应万变。从中发招，就能用强大的中来打弱小的中。

我们现在这样空着练。可以这样练就不能再那样练了，可以拿着中神轻轻地把拳打得像舞蹈一样美，多好啊！

大成拳是入道的通道，而不是追求养生，也不是追求技击，已经超越了这个层面。养生和技击只是一个过程。立禅站桩是果地修法，世俗六尘统归一心，这才是禅，这才是密。清净的一心，便能守中得神。

【谈批】练搭手要练守中。搭手时要感知对方的中，而不是看他的形，打对方要打对方的中，这些都是要诀。因为中之所在，即是神之所在，合称中神，中神弥漫才能笼罩对方。这些要诀，我相信对任何拳法都有用。我还想多说一句，依我浅薄的理解，即使用劲用力来出手，意都不能光放在手上，最少要放远一些，"心气无二"是佛家的真理。心意如果只在手上，气便到手为止，手未到时，气便不到。如果将心意放出手外，气便放得远，手未到时气已到，这应该才是制敌之道。我不知自己理解得对不对，谨供各派拳手参考。

25. 就是一个

重申一遍，站桩不能丢掉乐的状态。练的时候，踝关节放松、腰放松、胸口也放松，就能保持乐的状态不丢，这是先决条件。

当然，练的时候还得具备灵活灵机的能力，这种能力就是踝关节放松、胯放松、肩放松、胸口放松，慢慢地整个脊柱也要放松。

怎么配合？就是这里放松、那里放松，让这个竖起来的东西没有任何束缚，无限放大；竖起来的东西如果是紧的，就不自由了。关节放松的目的就是让这个东西不受约束，同时也别把这个自由的神气丢了。

其他方面，如手、膝、肘等许多地方没有讲到，你应该举一反三。除了形上的中，还有意上的中，就是要你别动情绪。一动情绪，形就出来了，出来了就不能中了。但是，也不能出不来，该出来的时候也要出来，这便是密乘所说的"无形而形，是为真形"。中是无处不在的，所以由中发出的形便没有局限，你不会因发这样的形就失了中。你只需守中，无论如何变形，中始终在自己那里，这才是密乘的要点。

你要真站进去了，一个桩就是全部；站不进去，就用试力、摩擦步来弥补。桩站透了，便能像王老先生所说的"内清虚，外脱化"，周身无一处着力，你的形任运变化就是试力，任运迈步就是摩擦步。

所以站桩、试力、摩擦步便是三种入门方法。说是三种，其实只是一个东西。

【谈批】站桩如果站不进去，即是未得精神的状态，便要用试力和摩擦步来弥补。这两个东西是大成拳的功夫，我不知其究竟。所以，在这段拳论中，我仅理解王芗斋老先生"内清虚，外脱化"

25. 就是一个

一句口诀。这句口诀是以清虚为空，以脱化为变化，即形由空里发出，发时任运便发，所以说跟密乘的"无形而形，是为真形"相合。仔细体会，当有助于发出拳式，且能随发而生变化。

26. 形力气意神

弟子：可不可以这样理解，传统的练法是从外练到内，我们是从内练到外。

师父：心花怒放。所以有人问这是大成拳吗？问这话也对，人们认识的大成拳是大成拳吗？

弟子：我们这个叫立禅对吗？

师父：嗯，就是眼耳鼻舌身意，色声香味触法，法住法位，清净状态。站的时候，眼耳鼻舌身意是什么呢？就是不染着，六尘不染。视而不见，听而不闻，六根不执取六尘这种状态，即所见所闻不能影响这个东西。你站桩的时候，可以看见、可以听见这些东西，但不能入进去，一个人在干这个事情的时候要六尘不染。练好后，无论是一个人练，还是两个人练譬如推手，就会不染六尘。外面的世界是进入不了这种状态的，这种状态不夹杂情绪，不夹杂你看到的恐怖，不夹杂你感受到的输赢和面子。不染六尘就是不染这些东西。

弟子：看到对方大一点、凶一点如果怕了呢？

师父：没有这些东西。就是先竖起你这个意体，你现在是形体，意体练起了以后意体是常态，松是为了这个意体服务的，松关节就是为了让意体更活泼。要注意不能有反作用，很多人只顾着松关节而把意体丢了，从头到尾意体是不能丢的。

古人讲立禅，追求精气神合一那种状态，也就是三家相见，它是抱丹田，它是收的。混元桩就更难一点，但是要用的时候他们的手不是理想状态。理想的状态就是手放在两侧，在启用的时候不影响主体。所以，每一个桩，包括以后的所谓技击桩，正手的、反手的，一旦改变，身体形成的整个状态都会变，对此要明白清晰；你不清晰，做的就是不清晰的事情。

弟子：手拿起来是为了练间架吗？

师父：手拿起来的间架，是你主体的状态本来就有的，不影响主体手才可以拿起来。因为人们的惯性，手拿起来的时候主体就变了。手拿起来和放下去主体都不能变。身手的关系意不能加入，身手互变，就是中环这个关系意不能加入，让它自然形成，意加入手，手就没有了智慧。就是佛法讲的识，就是手里不干净，有个识在里面了，你让它纯粹一点。两人推手时，意在手中的时候就是对抗的状态，意不在手中的时候对方愿意去哪里就去哪里，只是不对抗，不要主观驾驭，就是过对方的中。

弟子：您说要把身体放空了，我老是不明白。

师父：空就是没有杂质的状态，就是没有意的状态。没有意就是虚灵的状态，有意就是实的状态，实的状态就是对抗的状态。对抗就是对打的状态，两个人都有机会，就和对方没有了关系，等于是两个东西；不对抗的时候是一个东西。不对抗就是不断放大和笼罩。

我打一个比喻：水中的渔网就是空。网的自性空，无我，它只是随着水来漂，所以网的漂动实质是水性，没有一个网性。一大群鱼冲过来，不可能把网冲破。因为网不会硬张起来与其对抗，它随水漂，便是任运，便是适应，一适应，鱼的冲力便没有了。你将身体放空，等于将身体放在虚空中，所以没有你的自性，只有空性。说不是对敌，便像渔网一样，不跟鱼对敌，这就是空的状态。

弟子：我们看擂台上的对抗，最后都是拼力量，谁力量大谁赢。

师父：所以，你更要用意体，用势而不是用形。

弟子：但是真正对打的时候我们就不好做出来。

师父：是一样的，你就站桩嘛。你认为不好做出来是因为你这个意体不壮，没有你的形体壮，你还信任这个形体，你的生活状态还是这个形体，还

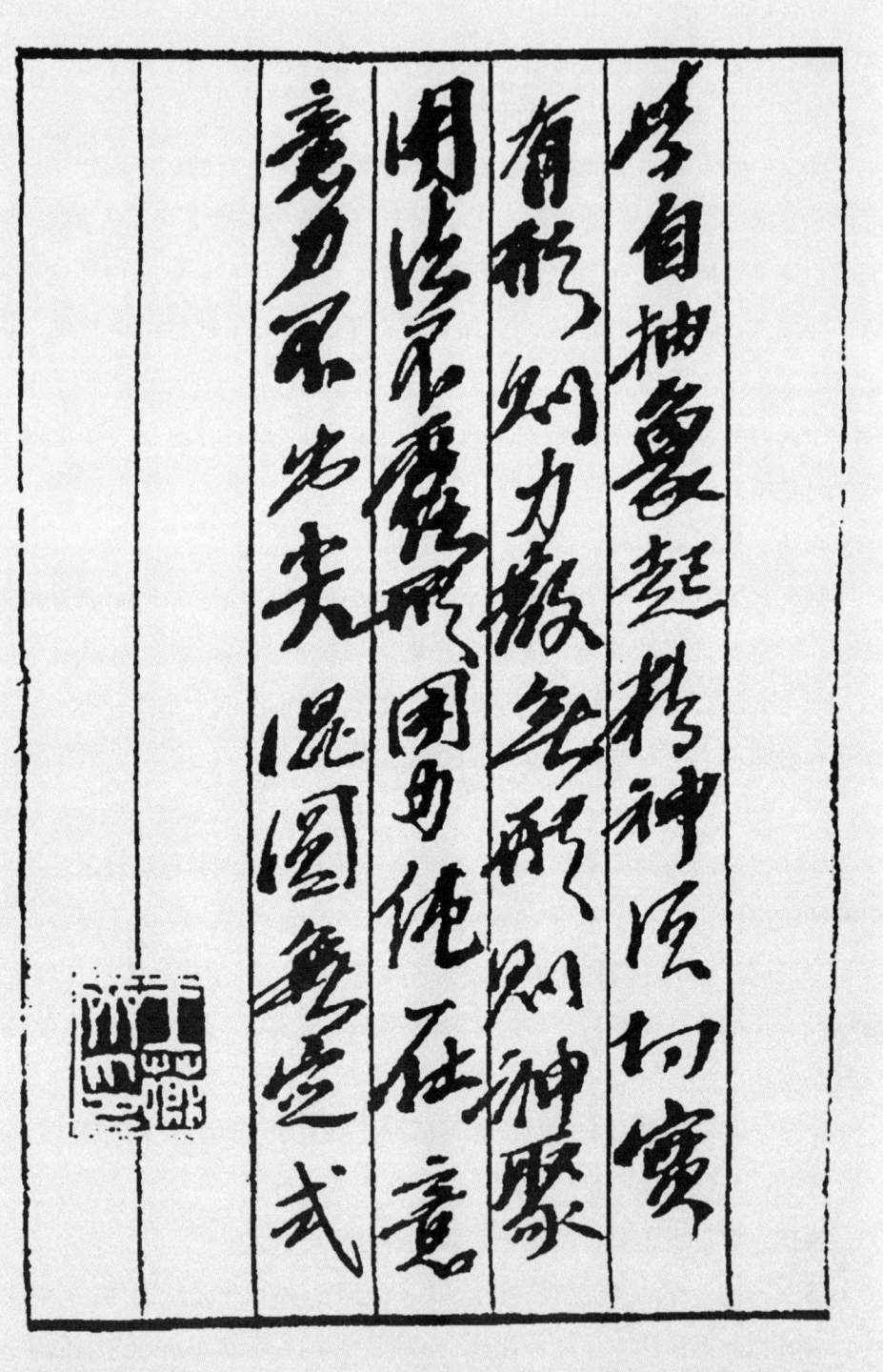

浑自抽象起 精神顶极寰 有形有力破无形 则神聚 用法不离形 困身俱在意 意力不先失 混圆无定式

是老的系统。当你的意体很强大的时候，你越是遇到危险就越是用意体。你现在都是形体，遇到危险形体就出来了。

都用形体的两个人对抗，那是较劲。遇到懂的人，你的形体一出来就为人所用了。要练那个活泼之机，练那个精神，到时候就用这个东西。

但是，要达到这个目标的过程是充满困难的，要多练、多实践。对方突然来一拳怎么办？就是你要把自己的意体练到足够大，大到能解决这个问题。你解决不了，就不要与别人试，因为你还是过去的形体。要做到没有与对方对抗的心思，对方是敌人你都不对抗，说明对方夺不了你的意体了，此时你的意体才能用。当你能用意体的时候，自然而然就会有；不能用的时候说自己会用那是假的。一般人急功好利，都不愿意等到把这个意体练出来。

弟子：觉得推手的时候容易体会，断手的时候就很难做得到了，别人一拳过来很难做得到。

师父：是啊，所以你的意体要比你的形体快得多。既然能用了，你的意体就快得多，形体你都能解决，意体你解决不了吗？还是要和对方成为不对抗的状态，对方心思一动你就要和对方合上，对方不是出不来，就是出来也回不去。为什么厉害？就是它是不对抗状态，就是不平等状态，对方始终在挨打的状态。

弟子：功夫有五层：形、力、气、意、神，我们是不是直接把形力气丢掉了，直接练意，再练上去就是神了。

师父：我们直接练的就是神意。大多数人用力才是力量，但是很多事情不用力也是一种力量，你挖个陷阱不也是力量？你挖的越大越深，掉得越厉害。液体不用力也能把你淹死，空气也可以产生很大的力量。肌肉的伸缩有力量，对敌的精神也有力量。意气为君，骨肉为臣，有形是无形的一部分，我把有形和无形作为一个整体来用，不是光用无形，光用无形而没有有形，

＊前页王芗斋先生手迹释文：学自抽象起，精神须切实。有形则力散，无形则神聚。用法不露形，用力纯在意。意力不出尖，混圆（元）无定式。

力量到不了那个地方，我把无形和有形统一起来用。

普通人的力量是有形的，是一个。怎么才能做到无形呢？你接触到对方的那个地方必须没有识。

弟子：所以，我们以前老是追求那些有形的东西，无形的东西看不到。

师父：你现在练的时候不能动，一动，那些有形的东西就牢固了。不让动就是始终在练无形的东西，很多人刚开始学的时候都在动。我们培养那个东西出来后，动的是那个东西。

弟子：这是一种中庸之道的思想吗？有无为的东西在里面吗？

师父：无为是没有妄念，不是字面上的无为。无为是无妄为，无主观的为。站桩的意思是要让主观的东西慢慢没了，让真实的"为"显现出来，到时候用那个东西。对敌的时候也是不能自己有为，就是打仗需要怎么打你才怎么打，不是你想怎么打就怎么打。敌人要上吊，你不能让他去跳河，你得给他准备绳子。

弟子：就是不做那些不该做的事情。

师父：现在问题就来了，很多人不知道不该做什么事情，所以先要意体出来。

弟子：就是那个意体出来了，才有那个中线，才有标准分得清楚左右，是吗？

师父：意体出来了，你才有自己的领地了，就是以后你用的是意体。至于以后怎么用，那需要慢慢学。你现在用的是形体，不是自己的。你现在没有意体，就先把意体弄出来。

弟子：练到最后是以意御形吗？

师父：也不是以意御形，形要慢慢弱下去，直到你都不知道还有形，成了你意体的一部分。这才叫形意合一，合一就是把它们合了，没有了区别，不是两个东西，成了一个东西。这个概念要非常清晰。你现在那个是零，形是一百；慢慢那个剩下二成，形就剩下八成；慢慢那个是一百了，形就是零了，这样就合了。此消彼长，此长彼消嘛。这个很抽象，若理解成先把意体练出来再加形体，就变成两个东西了。

弟子：能不能这样理解，譬如子弹和炸弹，子弹伤人是形在伤人，但炸弹是爆炸后的冲击波伤人，没有形的东西了。

师父：这个东西比较抽象。很多人喜欢拿各种比喻，拿物理学来套这个东西。有个话叫作不分别、不对照、不延伸，你刚才就是延伸了。这个话不是你一个人问过，像你这样想的有很多人都问过。还有一个就是不节外生枝，避免把这个意思给引走了。人人都有自己的思维方式，例子再恰当，跟这个东西还是不一样。你给人讲例子，别人就把这个例子作为参照了。所以要不对比、不参照、不节外生枝、不延伸。六祖慧能悟道就是没有节外生枝，他听了应无所住而生其心，就直接进去了。很多人听了这句话很有感触，但是他把这句话收藏起来又去听了别的。所以，我们站桩要不住色声香味触法。那住什么呢？不住。

弟子：非常有意思，很高深，是一种大道。

师父：你推手能用得上的时候，会感觉更有意思，那就"目中无人"了——前面有人跟没有人是一样的。"目中无人"是心法，不是狂妄。

弟子：所以，很多人不明此理，练的是力量。

师父：力量是能量的一种，能量有很多渠道，很多方法。譬如一个百斤重的东西，若是一堆泥放在地上，你想提起来就很麻烦；若是一桶水，你可以拎起来或倒掉；若是一个上大下小的不稳定的东西，你加一点力它就会倒下。同样是一百斤，不但有大小、种类，还有各种形态之分。人更是不一样，除了身体以外还有心啊，还有七情啊。你恐惧的时候，瞬间就没有力量了。我身体以静当动的时候，我的空间感会让你心里产生错觉，你会感觉我没动。这个系统包含很多东西，不是简单地只练力量，练力量哪能解决这个问题啊？除非对方也是与你一样也是练力量的，啥也不懂，就只比谁的力量大，这属于在一个很狭窄的通道上的简单对比，但在一个界面上是没有通道

立禅即意：大成拳学讲习录

体育

汉武题

的，它是一片。所以，人眼界要开，心胸要开，不能仅仅盯着一个东西。要么就是不符合自己的方式，要么就是没有自己力量大、没有自己速度快，就是不行，这样思考就太片面、太狭隘了，是把局部当整体了。

弟子：能不能这样理解，大成拳在你身上得到发展了？

师父：没有发展，也没有停滞。大成拳是个概念，它有很多途径。当别人把这条路走到头的时候，你不能仍是跟着走，那是走不过去的。因为别人和你不一样，别人开着汽车，你开着火车，路上的风景是不一样的，它不是一条路。

从学术的角度上来说，王芗斋先生讲学术的规律是一代要高于一代，后人要站在前人的肩膀上，这个道理是正确的。但有个问题，现在有些学术是看得见、摸得着的，有些学术继承都成问题，所以要站在前人的肩膀上就不容易，甚至跟都跟不上了，传承就比较麻烦，不清晰了。

弟子：那我们这个东西，以后可以叫神意拳吗？别人是形意拳，我们是神意拳。

师父：这叫大成立禅。

27. 说拳

尚云祥先生常练劈拳和崩拳，他好学好练，学了很多，后来就教人十二形和五行拳。他一个五行拳打一遍，能打上一上午，三四个小时。他有一陈姓弟子，练拳动作很规整，王芗斋的弟子跟他们关系都很好。劈拳一个动作半个小时，手抓回来、伸出去又半个小时，一趟五行拳，一个上午打不完，他劈拳后不动。

弟子：赵堡太极拳要求小腿直，怎么能直？

师父：重心转换的时候，一条腿支撑，整个拳架是一条腿支撑，用力是均匀的，始终在均匀状态下用力。孙禄堂的拳是活步。武禹襄跟陈清平学，所以，武式太极拳跟赵堡太极拳的风格比较接近。杨家保守，外姓弟子都不如自己子侄。赵堡太极拳长期盘架子，他们讲究身桩虚灵，三直四顺，手走圆，立身中正。头是正的，身子和小腿是直的，做什么动作都不影响。手上不挂力。

形意拳也是一样，它是用筋骨之气（筋骨脱开皮肉而出）把身上揉起来（现在人练不是这样），这才是形意拳，大成拳就是形意拳。为什么要那个东西出来呢？那个东西出来才不是对抗，因为对方找的是你这个东西，你这个东西对方不知道、找不着——人不知我，我独知人，英雄所向无敌皆由此出，这样才能百战不殆。对方不知道的那个东西，要练得壮大。对方不知道你进攻的武器，但你的武器不能制胜也不行，要把这个武器练得壮大，让他难以反抗。这就是神体、意体和形体百分比的变化。神、意体要站出来，然后要壮大神意之体。

弟子：形意拳揉身体不是为了用，也不是为了打，只是为了练，是这样吗？

师父：形意拳五行十二形，是练打的"一个"状态，也是练打的能力；一个有形的状态，也可以通过这种方式练出无形。一个练的原则、原理，变化着才能用。两手的来回、神意的起落与吞吐，就练这种状态。到用的时候你用的是这种状态，平常练的时候你就当用着练，但确实不是这样用，但不这么练也不能用；手能伸、能回，都是用这种状态。手伸出去不能把状态破坏了，是用自己练的整体去打别人的非整体，对方是一拳一脚、一枝一叶，你是一个组织、一个混元体。

这个混元体是怎么形成的呢？首先是筋骨要穿起来，这样，对方用的力都是散的。为什么对方很有劲，但一搭手还是不行呢？因为他碰的我这地方不是这地方，只是他认为是这地方，这地方是我整体的代表。我出去一个手指头都代表我的整体，别以为后面没人。就像电视剧里面的场景，一帮人拿着刀围着一个人但不敢砍，因为外面还有一帮人拿着枪围着他们。

意体出来以后，就容易成整体了。形体不作主张，这个混元体才能出来，才容易形成。意气君骨肉臣，臣不能有自己的主张，臣的主张就是君的主张，这才叫整体。俗人练的拳法，形破了，一开始就错了。现代不同于古代，古代人生活状态的那个心跟这个拳是吻合的，现在人是不吻合的。为什么要不停地看、不停地听呢？听的当下是这个东西，一会儿就被惯性移走了。所以，要生活在这种状态里，这个拳才能入进去；你生活在那种状态，这个东西是进不去的。做学问，宁可在屋里什么都不做，也千万别做那些不该做的。没事看本书——那本书就不能看，不看还可能在正确地做事，你一看就把你带走了。所以，要有传承，没有传承一切都无从说起。要看书就看《大成传习录》，你得看明白，得看懂，不能用俗人的心来理解这些东西，要用公心、大心。要追时间——落到自己身上去，要拿身体来印证每一句话。时间要抓紧，别浪费，把书里"说得真好"的东西都变成自己的心，要不然说得再好跟你还是没关系。

张强上次说的走摩擦步的事情，几年前了——可见他心里还有这个亮点，就跟说时间的长短一样，最起码能碰撞一个点。把这一个点弄成一个面，再弄成一个立体；或者把点连起来；或者用这一个点把这个圆化出来，全变成这个圆——从明白一点就能明白两点——你这一点就能把别的东西化出来。这一点是光明，也要能照亮其他地方。这需要时间。心要安，越想厉害，就越狂妄，精神就越守不住。不用形体时就清逸大勇，只有意体神体出来才行。

立禅站桩的初期要讲浩然之气。有些人发疯、高兴的时候，脚底下就没根了，气就上升；悲伤的时候，气衰，在底下。浩然之气，就是喜怒哀乐不能夺的中正之气。只有意体出来，喜怒哀乐才不容易夺；意体没出来，形体占主导，就会常露出来。如果用的是形体，就是匹夫之勇、血气之勇；用意体，是无我的状态，七情六欲、六根六尘就很难动这个东西。

烦恼在肉里面。推手犯错误，特别是练出粘沉劲的人，就是拿肉干这个事情，闹情绪。推手，如果是用形体，那要么是凭技巧，要么是反应快，要么是无明（就是闹情绪）。若是用意，时刻保持意体的状态，就不容易被对方把自己的无明刺激出来——因为这个形体是保护意体的，意体一出来，形体就有了，就知道了自己意体出来了。

意体就是站桩的那种神气，把形体忘掉，这个过程很漫长。有的人，心性跟这个接近的时候，他用的时间很短。还要心性坚定，意体出来后，别人影响不了；有的人不坚定，出来了之后，别人一动，他就又回去了。这就是站忘，没有身体了，不是一瞬间没有，是任何状态下都没有，没有身体但有神。如果用一个有形的东西，譬如说珠子，行气如九曲珠，珠子是无形的，不是关节了，就是更细致的非有非非有的状态。说有又没有，说没有又有，没有有的状态，非有非无的状态，最后用的就是这种状态。

有人会用满，满有空、实两种状态。对方拳来了，你就跟对方连为一体，无限延伸，把自己合到虚空中，就用这个虚空打，对方就如泥牛入海，过来就回不去了，这是空满。实满，对方就像一片树叶，你就像排山倒海一样压过去。这就是用空、用实。很多人不懂、不会用空——练的时候要当这空存在，时时刻刻都认为这是空的。

弟子：您说的这个虚空，是不是要站桩站到能感觉身体和天气、地气相通的时候，才能把这个空、无练实？

师父：先把身上练没了，那个一瞬间就练没了；身上风能穿过去，外面不就实了嘛——这就是法。要感知，思考容易形成执着的思维。心要在这个状态，不在这个状态就隔一层，隔一层就到不了，这是难的地方。心变了就不难，就简单。很多人心变不了也正常，因为心变需要很多因素——环境、师父、圈子、朋友、机缘等。机缘得碰，就像有些事情不是你奋斗就能行的，是你准备好了，就等着，看有没有这个缘分。当然还得做，不做肯定不行。

弟子：您当时得到了什么机缘？

师父：有一次，我跟朋友从长白山回长春，下着雪，路面都是冰，朋友开车。前面有辆大车，带着防滑链，开得很快。我们准备超车，对面却来了一个大车，这种情况刹车或者加速超过去都存在危险。我看着她松了油门，大车吸力大，就这么扭着扭着，我们的车就慢了下来，跟在大车后面，速度慢慢地减下来了。当时我就想，她是无我的（不知道是她是否是害怕还是怎么了，仅仅是松开了油门），没有想法了。加油是过不去的，刹车也很危险，松了油门就跟大车成呼应了。当时我就明白了一个道理，跟它一体了就是它的延伸，排着队了，她自己有想法的话就完了，所以，不能有想法。从这里面我悟到了一个道理——无我，没有自己的想法。这就是一个机缘，很难得。

【谈批】本节先说各家拳法，应该已说到要害。因为鸿坤到处寻师学艺，所以了解各家拳法。这些说法，一般读者都应该感兴趣；写武侠小说的人，如果懂得这些要害，故事情节就可以更精彩

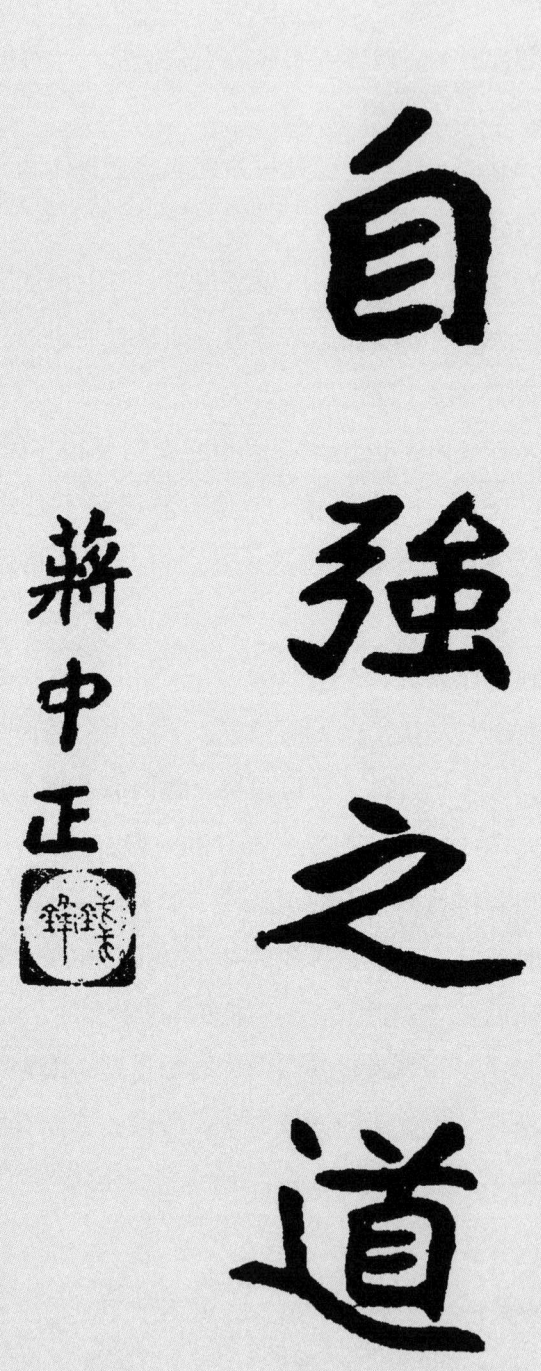

更靠谱。我认识的金庸和倪匡二位先生如今年纪已高，恐怕再也不写武侠小说了。如果想写，很可以由赵堡太极拳写一个女侠，你看"三直四顺，手走圆，立身中正"，还有"头是正的，身子和小腿是直的，做什么动作都不影响，手上不挂力"，像不像女侠的形象？

就心的变化有何机缘，答者便说了一段行车的故事。自己的车跟着一辆大车，想超车时对面又来了一辆大车，那么应该怎么开才安全呢？不能加油，不能刹车，所以只能无我地随着大车走，这便是没有任何思维而成变化；要思维，便一定想到刹车、加油等动作。对拳的变化亦应如是，不能老是落在思维中来主动变化，必须空了自己的思维，用感知来随宜变化。万物生成都是随宜，随着这块宜就成蚂蚁，随着那块宜就成人类，在佛家说为随缘任运。

28. 行气如九曲珠

弟子：我在想，站桩时脚底下的种种反应是否就是在通脚底下的气脉？是不是因为它吃重比较大，所以反应比较明显？

师父：身体的自然反应。站久了，血液自然会凝于脚底。气是身体的一种功能，它会辐射出去，力达四梢。站得脚动不了，那个不对。

弟子：赵堡就是通过盘架子才能出来？

师父：对，差不多，讲究圆、直、顺等。河南有个和兆元，陈清平的弟子。《拳论》上有"一丝不挂"的要领，但是现在人不易做到。这个很难明白，你要不挂劲，怎么能练出功夫？不挂劲，练时间长了，也能有功夫，但这种功夫还得站桩。

弟子：我们几个在聊拳、站桩的时候，如果脊柱不竖起来就感觉不行，竖起来后就像九曲珠中的那根线，提着身体。感觉脖子后颈很重要，要立起来。

师父：所有的关节都是弹性连接状态。九曲珠就需要这条无形的线把它连起来，这样才能不丢弹性状态。这珠子，如果堆在这，就没有弹性了；如果把珠子拿棍子撑起来也不对，拿铁丝穿起来也不对，用竹签穿成糖葫芦也不对，都是不能动了。不是用线来穿，是用气来穿，这样就清晰了。《拳论》上讲，行气如九曲珠。光有气没有珠子就没有功能，光有珠子没有气，起不到功能的作用，这个是中环之理。无形就是这个气，有形的就是这个珠子；珠子想打人，需要这个气来领着，领着它打，两个谁都离不开谁。

到时候还要把这些珠子练得看不见了，气就是看不见的。这个时候才能做到弥漫过去，这个就是化境，融化了。大动不如小动，小动不如不动，不动之动才起这个作用，看着轻飘飘的，过去就挡不住，是用串珠子的气做这个事情的。两个人扭拉在一起的时候，不能因为拉着把珠子拉散了，珠子还是由气穿着在做这个事情。这个气不能变，一变，就成对抗了，就是这个无形的气把它穿起来，看起来轻飘飘的，一碰，人就粘到墙上了，既简单，也很不易。为什么不易呢？这么简单的东西，大家一听就懂了，但很难做到，因为心不对。心要变过来——变换气质，变过来的这个气，才能领着珠子。这个心不能有杂染，不能让这个事、那个事把你的心影响了，瞬间回去了。所以，别的东西夺不过这个心的时候，你才算做到了。

年轻时打人也能打赢，但那个是情绪，是动了情绪。现在情绪影响不了这个心。现在对阵，一上来就这样，这多厉害，这多清逸。这个心，这个立禅，从头到尾说的都是以身正心，用这个身体把这个心给弄出来，外在的东西包括自己的想法动不了这个心。所以，这个心就有智慧，就有感知的能力，才能印照外面的万事万物，才能格物。带着情绪、成见、我执、法执的心，怎么能感知？你跟这人有仇，这人动动嘴，你就想着他在骂你；你喜欢这个人，他咧嘴一笑，你就觉得是对你笑。实际上他可能不是在对你笑，是你的心往那走了。要有天下为公的公心、大心，看谁都是自己的亲人，要有这种心，要有愿力，这都是学佛必需的。学佛很有意思，第一要发愿，不发愿的学佛是随波逐流，观念容易变，发愿才行。

弟子：对这个变心，我以前觉得挺难的。上次在群里说"关节充满弹性"，你说"把这个全身充满弹性去掉"，哎，我当时真是，一下子关节就没有了这种状态，关节马上就是活泼泼的那种感觉，而不是一种弹性的东西。

师父：你要是老想着那个弹性，就是弹性里边有你的想法的时候，就有你的意识在里边，你要这弹性保持纯洁，保持干净。别给它加这些东西，连自己的意识都别加进去。就像两个人对抗一样，你的心本来很干净，不能再想着我恨你，就用这个干净的心做这个事情就行了，这就是用心。用心，就

按虎勢
開前足即單撩刀
勢開前足進後足
即拗單撩勢

是做事的时候心是干净的，不参与。

说话要有来有往，听懂听不懂没关系，没听懂我再想办法让你懂。其实它不难，很简单，还很直接，就是人们过不去，得翻来覆去地说这个事情。

弟子：一个是说的时候复杂，另一个还是需要站桩的积累。

师父：得站，不站不行。老前辈说，你站不一定行，不站肯定不行。站就有可能行，不站连行的可能都没有。只有站的时候，才能让这肉不工作，才能让心亮出来，让那个清虚的东西出来。平常老在惯性状态——身心紧的状态，根本就分不清楚，就不知道是咋回事。然后你用大的心出来，弥漫出来，这些人和事，只要你的心能包住，你就能看清他。那你心有多大，量就有多大，如来佛说孙猴子跳不出他这手掌心，就是这个意思。

弟子：九曲珠这个气？

师父：还要用气，以心行气，以气运身。俗人练拳，在身上，他们运这个气，不是这个东西。我前几天在群里讲势，风吹树叶飘起来。你要打对方，你要靠身体外面的气把你运起来，里面别有。身体里边有气还是死的，就像船在海上漂的时候，让海运推动这个船，这样才有势。你要让身外的气来运你，见了强大的对手也是这样。人们见了对手，第一个反应就是对抗心态，不是防守就是进攻，那不行，这是普通人。练大成拳不能用普通人的思维。

要是有人听到这些话，他就记在心里，不停地练，就易成功。现在时代不同了，人人都有很多事情要做，一是没有精力练，再就是听了这个道理还想听更好的，这样就难了。当年郭云深教尚云祥的时候，教几天回去，过很长时间才过来，就看一下哪些没练好再继续教，教好了就走了。尚云祥在北京也是练很多年，劈拳、崩拳练好几年，而且是专业的，一天到晚干这个事情。你们是好久来听一下，回去做事，又回到原来的生活当中，把这早都忘了。这种情况就不能说自己都学了十几年了还没学懂，这十几年已经不是那个事了，你再没有时间那就更难了。中国传统拳术特别是这些比较高妙的拳法，虽不尽是拿时间来衡量，但没有一定时间的积累肯定是不行的。

29. 大成真义

我们习练大成拳，很多人不了解"大成"是什么意思。有人说是道德，有人说是集形意、八卦、太极之大成，都是出于不同的角度和立场，基于自己的知识、自己的经验和学问来诠释这两个字。儒家讲，大成是圣人之学，是《诗》《书》《礼》《乐》《易》《春秋》等六书统摄的整体，要在革新人类习气之流失，而复其本然之善，全齐性德之真，方是成己成物，尽己之性，尽人之性，这才是大成。整体是生生不息、不断不住的。

大成应是什么样的身心呢？一定是觉悟了的身心，一定是有了智慧的身心。身体和心是互相促进而不制约的开放状态，我们就要以身正心，拿身体练心，以心印物，以物用心。这样的身心才有感知力，这样的身心才能用，也就是刚才说的无杂染才能起用。大成拳有四种状态，鹰与熊、狮与虎、蛇与鹤，最后一个是猴。无杂染之用时，可以用出鹰，需要熊的时候它带出了熊，甚至需要蛇的时候，它也可以变成蛇。这种需要是感知出来的，不是我预定的，跟对方一搭手，神机一对就知道需要什么。

应该怎么做？对方是因，你怎么做是果。不能预设，不能说我想怎么做，这个是要因敌变化示神奇，是敌人需要你怎么做，是这个事情需要你怎么做。所以是要这样的状态，这样的状态是不杂染的，生生不息的。

怎么练出这样的状态呢，拿什么练呢？专门的方法是立禅。立禅以外呢？它又跟生活打成一片，拿生活来练。

怎么用呢？你练出了什么东西才能用？无杂染的中气要出来，拿这个中气感知。感知就是遇到什么感应什么，遇到什么感知什么，所谓相敌的功夫。相敌是观察对方的气场，这个人气场大，那个人气场小；这个人走路气

29. 大成真义

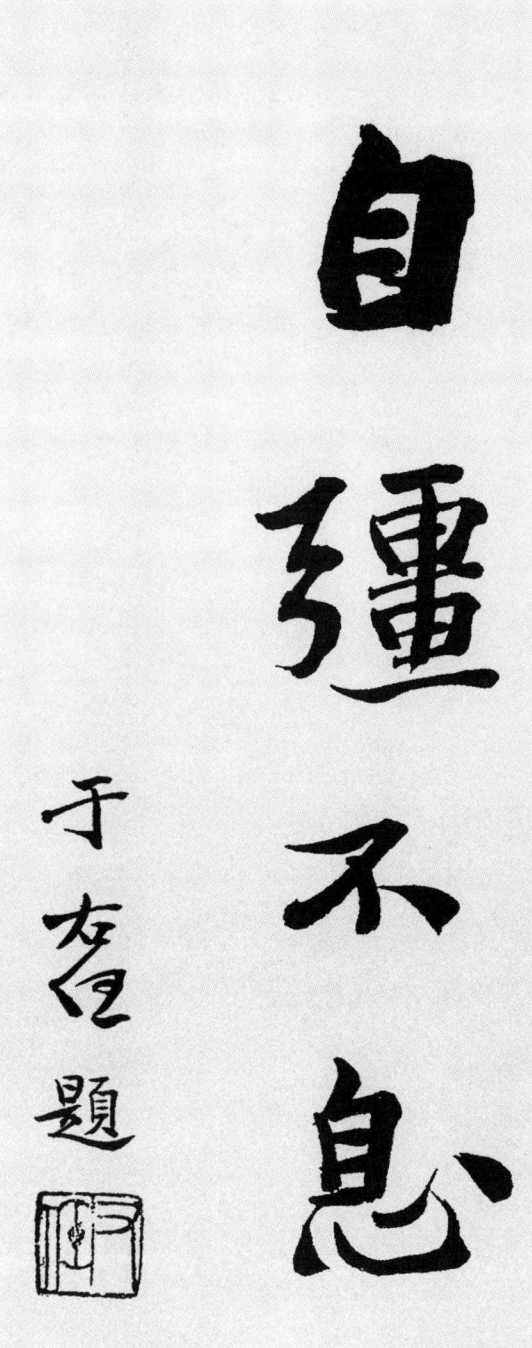

自強不息

于存題

场偏,那个人走路气场横;这个人走路下半身是空的,只上半身有气场;那个人走路完全没东西,根本没有气场——你这样相一下,就把对方看透了。相,是用感知的能力去相,不光用眼。

【谈批】用生生不息来定义大成拳,无论出于什么角度都适合。这里是说本然之气,那就合乎佛家的思想,如来藏将一切都归于本然;甚至用科学都能解释得通,现在很多科学家也用本然来解释一些科学问题。所以,大成拳主张生生不息之气,归入本然来感知,实在是很高的道理。佛家能证入本然可以感知万物,拳家由本然来观察对方的气场,实在是很小范围的事,自然很容易办到。不过,要明白这个道理,实在难能,所以,我觉得大成拳的拳理可以说是最高的拳理。

30. 定要清晰

笼罩的范围有多大？最小得把对方给笼罩住，必须在你的范围之内。你要是笼不住了，他就成对抗状态了，成两个东西了。这是精神笼罩。然后是良知良能的笼罩，就是让有形的身体没有实，让它自己不受心的控制，它不再用力，不用力才是良能。我说过一个比喻，像在水中的渔网，它不是靠力来捕捉鱼，或靠形来捕捉鱼，它仅仅是随着水漂，根本没有实的东西，就把鱼笼罩着了。渔网不但没有发形的实，甚至没有自我的控制。你体会一下水中渔网就知道清晰是怎么一回事儿，愈没有作意愈清晰。如果渔网作意去捕鱼，张开、发力，想用形去笼罩，那就不仅不能清晰，甚至可以说是糊涂。

【谈批】用气场来笼罩对方，而不是用力、用形，这样才能配合生生不息的本然之气。能达到这样的状态，一切形都只是反应，而且是自然的反应。渔网捕鱼，渔网本身并无作意，亦只是反应而已，所以才说"愈没有作意愈清晰"。清晰，是指感知的清晰，不清晰便可能有错。看打西洋拳，总觉得拳手太有作意，他们不是反应，而是作意去攻击对方。所以，我国拳手若能知道点大成拳的拳理，打胜西方拳手应该容易一些。

31. 中气才是真的间架

间架要配备妥当。怎么才叫妥当呢？人站着一定是直的，可若太直了就死板，死板就不能起用，所以要直中有曲。直是本来的自然状态，即使在直中有曲的状态下，直是依然保持着的，这样才是守着中气的状态。

不管是散打还是打泰拳，打出去、收回来就是直中有曲。收回来就回到原来的零点坐标，即是回到本来就有的状态。一定要回到本来的自然状态才能继续打、不断打，可以持久，可以生生不息，所以说间架要配备妥当。

一些人解释这个东西的时候，总是说不到主体上，总是纠缠于旁枝末节。妥当的主体就是要垂直状态，虽有曲折的形状，但是意必须是直的，神必须是直的，这才是中。在这种状态的时候，喜怒哀乐夺不了你的中，情绪之外的东西，包括你自己的觉知，夺不了你的中。这样中气才能壮大，才能出来，中气出来才是真正的间架。

中气出不来，你用的完全就是形，这个形就不是你要练的那个东西。你要把这个形破掉，破掉你才能周身无一处着力。周身无一处着力是什么状态？是不对抗的状态，也就是我所说的水中渔网的状态。我们一直说不对抗，你只有真正做到了周身无一处着力，才是不对抗。不对抗的时候，跟对方才是一个人，就能跟对方合上，就像网跟鱼合上一样。一对抗就是两个人，一有用力必然要对抗，所以渔网都不用力。

用势解决问题，用势不用力。良知良能就是把自己的惯性去掉，用力即是惯性。你坐着时肌肉紧张而你不知道，不知道就是惯性。把它去掉以后恢复不为而能，才能有感知的能力。感知就是觉悟状态，这得从立禅中获得。

【谈批】这里说间架牵涉到形的问题，形是曲中有直。可是这

31. 中气才是真的间架

直,却依然是意。这也就是说,形需曲,神却需直,这口诀便是形与神的配合,非常重要。

现在练太极拳的人很多,目的在健身。可若不能神直,那便只能说是身体的运动,对内脏的作用很有限。健身也必须神直,密乘修炼,一入门便强调这点,说为"中脉"。练太极拳的人若能细参此理,对自己的健身应该有很大的帮助。

32. 一静一动

　　推手、断手是一个东西。这里讲不二是什么概念呢？就是精神和形体是两个东西，但是要有君臣的先后。形的惰性和意的主动，这样才能将精神跟形体配合，两个配合就完美了。完美是什么呢？就是跟对方圆满连接的状态，不是对抗，不能有反应，一反应就是对抗。你可以快也可以慢，但不是被对方主导的反应，不是现代运动讲的反应、技术、力量、素质。在这个过程中，随时要有恢复的状态，就是零坐标的状态。精神是什么呢？精神就是那种无中有，那个东西要出来。无中有，色即空，就是要把对方看空，看空以后才符合这个理，是连接不是对抗。

　　第一次听我这样讲的人，听着可能有点费劲，这个没有关系。做到这个以后，素材就有了，然后怎么做呢？无中有、色即空、笼罩，这样贯穿起来就有了。无论你用劲不用劲，我这手没想法，良能就是接触点上没有想法，就是手上没有作意、没有执着，没有执着的时候它就随应对方了。有时候对方快，随不上，因此你会对抗，这就错了。怎样才总能跟对方连接上呢？就是用神来笼罩，我罩着你，无论你对抗不对抗，我都罩着你；无论你用力不用力，我都罩着你。

　　要做到什么程度才能算好呢？是没有间隙。一有间隙就有两段了，两段就是两个。譬如大海，水波不断连接，所以大海是一个整体。必须是一个，然后才能说神、说中。表面看大海似乎很平静，一跳入海中，你就会感受到海的真正力量，因为大海是一个整体，海水满溢，整体的满溢海水就有无穷的力量。如果只是一个水波，断开后又接着另一个水波，这些水波便不见得有力量。因此，要借对手的势成为自己的势，借的时候静似海溢，有如渔

32. 一静一动

静临沧水
动落山飞

王献高峯理语
丙申岁晚诗锡永录

网，借的就是鱼冲进来的势，它是凭着海水的力量来借。可是一动起来，就不用海水的力量来比喻了。王老先生说，动的力量有如山飞，山飞没有技术，可是它的力却无人能抵挡。这就是"静似海溢，动若山飞"。

【谈批】王芗斋老先生说"静似海溢，动若山飞"，其实是因果关系。若不能静似海溢，一定不能动若山飞，所以前者是因，后者是果。神要满，所以不能间断。一边立禅，一边养神，神气便满溢了，这便可以说是蓄势待发。一发之时，才能有如山飞，无可抵御。

密乘有几个招式来练神，要诀也只是中神、直神，形虽动而神不动，这样神才能静、才能满。王老先生曾与密乘人士结交，可能由此受到启发。

33. 只一个势

如果讲势不讲力，两人相接气势要和。如果讲技术和力量，这个主动、被动就分开了，很难解决问题。讲势，要把对方放在自己的控制范围中，这个时候对方若突然进攻一拳，也只能落在你的气势感知中。若气势没有超过对方身体而将他笼罩，他才有突然发拳的机会；若你的气势笼罩着他了，他就没法子突然发拳。所以，有了气势，这个问题就解决了。

讲气势，还要知道气势是敌我一体的，这才是和。和的时候，对方的东西便很难出来，一出来我就可以借他的势，因为他已在我的笼罩之中，他的势其实就是我的势。

他也可以不随我，但是当我的神气笼罩了他的时候，我一动他就必须跟着，因为我与他已经合一。所以，就是手随着神气，手随意变。如果不是用势而是用劲，对方的劲一大，你就不能借他的劲成为自己的劲了，这时对方的劲、自己的劲就成了两个东西。我们必须明白，势只有一个，而劲可能是两个。

【谈批】当自己的神气能笼罩对方的时候，对方就不能突然发拳，这是很高的拳理，许多人也许不认同这一点。其实，说他不能突然发拳，并不是说他不能动作，而是说，他发拳的动作无非只是我气场中的一个变化而已，这变化在我神气笼罩之中，因此可以不把他看成是对自己的攻击，就可以随着他的动作来因应变化，所谓"后发先至"，应该便是这个意思。

34. 动静不二

弟子：有一个故事，说一个孩子上学途中，经常被一群孩子围着殴打。后来，他模仿家里的狗学打架，再跟同学打架就打赢了。再后来，他失恋了，因酗酒疯掉了，常常像狼一样嚎叫，谁都不敢碰他。

师父：你想说明什么？

弟子：我想表达的是，现在他已经看不到我们的势了，你一靠近他就咬你，你一挨他，他就撞你。

师父：你现在把对方当对手了。你要放空了，空着就不论大小。譬如有人钓鱼，你不能因为这个鱼大了、猛了就把这个线给弄断了，或者你说这个鱼大了我不钓了，我换个小的。连接就是连接，对方一疯，精神一出来就是你的，你得用这个东西。你不用，它就夺了你的心，你的心就不稳了。你应该随着对方的精神变大，而觉得用这个东西很舒服。你得用上，否则与用这个东西的频率不配套了，要跟得上还要调整自己的频率；柔和状态时你感觉挺好的，如果突然快了，你还是这样就不行。他就是眼光再锐利，跟你都没有关系，这是感知。

如果对方的精神已经影响了你的心，就说明你心里的功夫没有他那个势大。你的心量得容下他，要跟上他，你的频率得对。你心不够厚，他的凶恶就把你对抗的一面给拉出来了。你的目的是为了连接，连接是要调整自己而不是调整对方。你不能说"你好，你先别打我哦"，那样不行。就是六尘不染，喜怒哀乐都不能影响你的心，你才能用这个东西，你的中气才能到饱满的状态；他的凶恶和你没有关系，他的善良和你也没有关系，你要打的人他再善良必须打的时候你也得打。你懂得了这个道理，做不好就是自身有问题，

34. 动静不二

王选杰先生

还得继续修炼。你啥都懂了还是做不好这个事情，原因应该是你练的量还不够。

现在讲方便的入门之法是以静制动，还有以动制静之法。以静制动是有敌无我，以动制静是有我无敌，都可以动静不二，聚散随意。

大成拳不立一法，不废一法，一气之流行，自性之流露，所有事情用大成之法一以贯之，如此才能见到光明。

35. 观照不失

师父：有些心法技巧，不是大法。像他刚才说的肩膀通了，脖子还有点痛，那就用意观照，就是过去讲的念起即息；不能老想着，老想着不行，要把它忘掉。在这个过程中有很多这样的法，为什么一些学会了，一辈子也修不完呢？它需要很多东西，也很庞大。它虽然庞大但不是主流，如果是主流它就完了。它需要有血有肉，有很多东西，这些就难了，需要积累。

你竖起来无为法，色即空，无中有，这很容易；你要做这个事情就有很多东西要修。念起即息，念息以后那感觉还在，让它感觉那个觉，感觉快灭的时候念头又会起来，像炖汤一样，慢慢炖。你不能说这里不通就一定要弄通它，那反而通不了。譬如说，有时候肩膀放松不了，那你放松手呗。这些有时候是传授，有时候是经验，有时候是自己的感觉。譬如有气在肚子里面，肚子又大，那就必然不通。你要通了，肚子就小了，跟背上的化开是同步的，气息就通畅了，不聚在那里了。我们练的空，不是丹田气很足、膀臂很粗，不练这个东西，应该是没有的。这样你才能融、才能合，就是感知，就是一天能学会，一辈子修炼都不见得能修炼好。

弟子：意思是最简单的东西也是最不容易学的东西，是吗？

师父：它不是学的，不能学。你看，一学就有惯性，你要不停地恢复、恢复。通俗地说，恢复也是学的一种方式，但在这里是可以的。学就是增加新东西，不是本然的状态。

36. 从有到无

刚才讲了两个东西：意和力，意和形。精神笼罩的时候，形随着意走，还没有缝隙。刚才林林问，意出去的时候，如果手是往里走的，那怎么办？是不是意要收回来、还是手不往里走？

你的问题是形与意方向不同应该怎么办？其实，我们不能把"形随着意走"看死了，这里头有些东西要慢慢来。意力相顺的时候是统一的，不成问题；意力相逆的时候做这个动作，很容易手上有意，因此才会觉得意力相逆。应该是手上没有意，当能用神来笼罩一个通道时，如果手必须回来，那么就回来配合这个东西。手的配合是无念的，只有无念才能任运；若有念就是自己生出一个影响神气的杂念。

意力相逆时收手，意不一定同时能收回来，因为意还要笼罩着对方。倘如感知道意要同时回来，那亦不是作意的回意，只是适应当时形势的任运。所以你不要将形与意硬分成两个，就基本能解决问题。因为形意合一其实是以任运为重。记着，用无分别的清净心来感知，随着感知任运，那才是真正的形意合一，所以最好的功夫是无意无形的状态。

【谈批】这一段是解决"意力相逆"的问题。怎样解决？认识到是任运就解决了。所谓任运，是随所需要而作适应，因此，其实是没有意力相逆问题的，意未收回来，力已收回来，也只是因应而已。倘如死板地理解"形意合一"，认为力收回来时意亦必须同时收回，便落于死板的作意。所以，本节拳理，最后归结为无意无形的状态。不作意于意，亦不作意于形，便是无形无意。

37. 动补虚，静接敌

把对方的势抽干，在对方失去势的时候再出手。动补虚，静接敌。静了自己就没有东西了；动什么？还是动这个静，就像渔网：渔网是静的，它不会乱动；可是，当鱼群冲进来时，渔网一定会被鱼冲动，那其实是借鱼之势而动。明白了这个道理，就明白了"动补虚，静接敌"的内涵；晓得渔网如何捕鱼，就晓得渔网的动，其实还是动渔网的静。

【谈批】精辟之论。动，还是动这个静。这便是前面所说的，中神能"静似海溢"，所以一动这个静，就能"动若山飞"。

38. 站桩的松紧

站桩，有些人不懂得松身体，还有些人不懂得松心。松心是不要让心参与所有的站桩要领，才能松下来。不能一想到要领，心就紧了。所以，要领不能太细，有几个重要的就可以了，其余的要领，都是你站着站着就掌握了，别人说你合乎不合乎要领不重要。

头要拎起来，腰也拎起来，膝盖有上提之意，也是拎起来。可是，肩是沉的，胯是坐的，踝关节是松的，这些都是基本要领。重心在全部脚掌，脚掌平铺在地上。然后，用似笑非笑帮助这个心松下来、眉心松下来、心口窝松下来；似尿非尿让胯松下来，让腿松下来，就可以了。

进一步来讲，虚灵顶劲和拎腰跟松身体的火候，是一个临界状态。二者的临界要无作意而相接近，具体一点来说，可以说是将松与紧接近，不过若执着松紧的接近就又不对了，所以，临界状态的相接是无作意。近到什么程度呢？就是拎和松，几乎是一体的，这才是中的状态，即王老先生《拳论》所说，"松即是紧，紧即是松，松紧紧松得中平"。

有体会的人，在站桩时会突然发现，拎的时候是意，沉的时候也是意。虽然是形体，但只是一种感觉。发现了这一点，就是进步，懂得练形求意了。意出来后，就相当于身体的形体由意体给代替了，而且心还不能参与。在拳术里边，特别是太极拳讲的"双重"，心的参与是最大的双重。心参与了，等于心已经用过了，就不能再用了。这种用，把自己给用紧了，把自己的任运给用没了，把自己的任运变成了作意而运。

【谈批】这里说松紧，其实仍然是说任运。凡任运必无作意，因为是自然的适应，而不是有意地整治。所以，愈作意松，可能反

而变为紧,例如,作意于松肩之时,手腕容易变为紧。若作意于紧,可能反而变为松,例如,作意于用手发劲,马步便容易变为松。这都是许多拳家不自觉的缺点。

39. 一个整体

一切世间事物都可分属精神与物质两种性质，也就是佛家所说的"名"和"色"，名是精神，色是物质。我们习惯将名与色截然分开，其实它们是一个整体。

把名与色一分为二，哪一个是第一位呢？西方社会将物质放在第一位，物质是消费，精神是享受这个消费，所以，他们的根基就打错了。完全如道家那样，将精神放在第一位，将物质放在第二位，社会就会失去进步的动力。这两种做法都难达平衡。

拳其实也一样，有形与无形，等于物质与精神。如果将两者分开，只追求有形，就会将意放在形上，一出拳，意就在拳上；只追求无形，等于放弃了拳法，神意虽然可以笼罩对方，可找不到落点来打对方的中。所以，王老先生说，"松即是紧，紧即是松，松松紧紧得中平"，将精神与物质看成了一个整体。怎样才能得到这个整体？要练站桩、推手、断手，这是一个将精神与物质结为整体的过程。因为成了一个整体，断手便是不接手，不接手得任运。

【谈批】本节的要点其实在于"不接手得任运"这一句话，悟透了便应该懂得对拳。

40. 如如不动

如如不动，第一个"如"是"如是"之意，第二个"如"是世界万物的真相。万物的真相是由觉而知，所以，不住相而觉，即能如其本然来觉知万物的真相，也就是《金刚经》说的"应无所住而生其心"。

我们修炼是从破我相入手，破内相外相，如立禅站桩时不能心住于身体的感受、疼痛等。"凡所有相皆是虚妄，若见诸相非相，即见如来"，就是无论所有的相反复出现多少次，你都平等观照它了，就能视而不见、听而不闻、感而不动，这个时候你的身体就有了觉，觉知就能成为用。用的时候无形，无形了才能起用。若有形时就心有所住，那就不成觉知，只是反应。反应必然是对抗，对抗是作意的相，而不是"如如"了。

六祖由"应无所住而生其心"悟出最高的禅法，用到拳法上，就是立禅即意。

【谈批】"如如"是佛家的术语，因为不想用形容词去描述一个境界、一种状态、一堆物质，所以便释为"如是"，用白话说就等于"是这样，就这样"。更进一步，我们说一切事物、概念、境界的实相，所以便说"如是而如"，等于说，如是而体认如其所有的实相，这便是"如如"。所以在"如如"中，无作意、无分别、无二取、无人我。若能如是来体认实相，就可以发挥感知。感知是客观的，觉受则是主观，有如吃糖，感到这样的甜味，就是这样的甜味，这是感知。觉受则不同，与感知有分别，当吃到一粒糖时，我们立即定义这是水果味、这是焦糖味，如是等等，便落于名言概念来作分别。因此，觉受是心有所住，感知则是无所住而生其心。

40. 如如不动

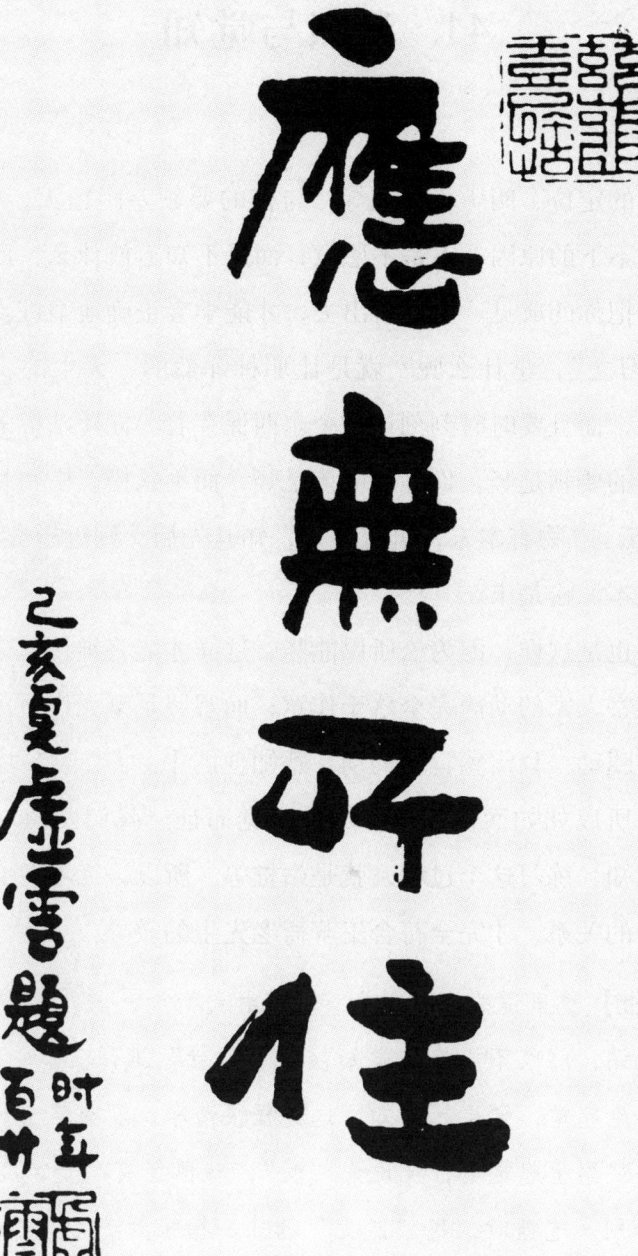

41. 观照与觉知

我们自己的定位、阅历、知识等，与桩的要领差距很大，所以要放下，要听进去。放不下的原因，不是不愿意，而是不知道放什么？所以，一定要听进去，然后把你的成见、习惯挤出去，才能学会正确地站桩。

"学而时习之"，学什么呢？就是让那种浑然的、天生的、本然的灵机状态显现出来，而且要时时刻刻让这个东西保存着。立禅站桩的关键不仅是松，第一重要的要领是竖。你练的应该是竖，而不是松，松的目的也是为了竖。《大学》云："物有本末，事有终始，知其先后，则近道矣。"所以，一定要知道竖是本、松是末。

跟人比拳也是这样，因为松所以能竖，这样才能将神拎起来观照。观照不是观察，观察人家的动静完全落于作意；而观照是毫无作意的认知，不是看他的肩动、腿动，只需感觉他的动，感知他的中。《心经》中观自在菩萨观照一切法，所以如如而证般若，那是由觉而证。我们要由观照生起这个觉，由觉起觉知，练习这个过程，就是站桩等。所以，练习时必须要知道观照、觉、觉知的关系，才完全符合王芗斋老先生的教导。

【谈批】这里说的"觉知"，是说由觉而知，与"感知"可以说是同义词，所以不要将"觉知"与"觉受"混淆。

观照生起觉，觉生起觉知，这过程很清净，没有名言概念分别等参入。观察生起觉受，凡说为"受"，就已经有"能受"与"所受"的分别。吃糖时，我"能受"糖味，糖味为我"所受"。当有这"能""所"的分别时，就不能是这样就这样，因此只能生起作意和分别；作意和分别则依名言概念而起，所以不是"如如"。

42. 怎样得势？

无论什么变化，势都不能散。势是整体的，变化是为了随对方的势、随对方的意、随对方的劲。形式变了，整体不能变。通过这个变化，对方的势就没有了，整个过程仅仅是一眨眼的工夫。在对方失去势的同时，你的势就蓄满了、壮大了。我们说的整体，也没有固定的形式，这就合道。过去的人说以武入道，是处处得机得势，处处是道，就是以道演武。倒果为因，就是在果地上修，直接在果地上干这个事。立禅就是直接进入果地的法门。这个很重要。

【谈批】怎样得势？这里说的是果地修，即"以道演武"。本来势是因，道是果，所以说"以武入道"，即由武才能成立道。现在反过来，说"以道演武"，便是先得"道"，然后才用这个"道"来成立势。这可能是大成拳的特点，似乎只有王芗斋先生提倡果地修，这种说法，如果各门派给予重视，相信在拳术上便会有许多变化。

看西洋拳比赛，见拳手随便用脚，不真的踢人，也把膝盖提高两三次，那便只是势，未入道。我国有些拳手也起脚，我见过两三位拳手，真的是凭感知而起脚，所以一发便中，那就是"以道演武"。

43. 无法不容

一个刚学佛的人问我，密宗的人贬低净土宗，反过来，净土宗的人贬低密宗，究竟哪个高？这个问题本身就把人带入对立的状态了。其实，他们本是同根，互相贬低说明他们还在意对方，只是落在了各自的知见上，认知都不完整，都不是整体。一切法都是佛法，不能贬低这个门派，抬高那个门派。学到家了，由净土、由密宗都可以现证。学拳与修行是一样的道理，各门各派的拳当真练精通时，重形的门派都会知道神意，重意的门派亦会知道任运的招式，所以无法不容，一定没有完全不重神意或完全不要招式的门派。

【谈批】宁玛派有一条根本戒律，禁止低贬别的教派，也不准攻击外道。为什么？因为一切法都是如来法身上的自显现，如来法身上无所不容，所以只能区别这些法，不能损害这些法。鸿坤对我再三强调，对一切拳派都不能轻视，只能区别，这便很合乎宁玛派的如来藏思想。

44. 妄动与随动

普通人练拳，容易落到形上，是从形上深入理解，而我们是从无形上深入理解。站桩对技术没有过多要求，而对神气的要求很高，神气是无形的。有人站得比较紧，我告诉他要得中放松，他说后来中也没有了，这也不对。你得先让他有，有了才谈得上放松。太极、八卦、形意，前提都是要和对方合上，合上了就是不对抗，就是道法自然，就是禅。这些名相打破，那就没有区别，什么大成拳、太极拳、形意拳，我们就是学拳、求道、修禅。合上了，觉知是主宰；合上了，才是通透，因敌变化示神奇。合需要我们自身具备虚实的能力。不立一法，不废万法。良能没出来，或觉知没出来，动就是妄动；良能出来了，觉知出来了，动便只是本能。这良能只有通过立禅站桩才能上身，才能恢复我们的本然。

【谈批】恢复本然是非常重要的事。强调站桩才能恢复本然，应该是大成拳的特别之处。所谓本然，就是不受名言概念影响的精神状态，即所谓中神。守中，才能不落分别；守神，才能无分别而任运。

積健為雄

李文田題

45. 皆归心性

手与笔一样，都具备表达心性的能力，但又不是这个手、这个笔，用它又不是它。这跟两个人推手一样，用的手实质上不是手，虽然不是手但还要用这个手，正如戴叔伦所说，"心手相师势转奇"。

还有，你看那风火轮！练棍子，你说是由着棍子，还是由着人？人借棍势，棍助人势，是相助。不是棍，也不是人，到时候这两个都忘了，棍手相忘，就是感知。棍的性和手上的性的显现，是服务这个心的，心性的彰显依靠棍性和手性，这样一来就清楚了。

风吹幡动，有人说是风动，有人说是幡动，六祖说是"仁者心动"，便跟我们说的风火棍一样了，不是棍动，也不是人动。心动，即是感知，依着感知才有棍性的显现、手性的显现，明白了这个故事，便懂得了一切皆归心性。

【谈批】鸿坤说大成拳的拳理，很可能会给人误解来否定拳法的重要。看了这一段文字，便知道他其实并非否定拳法，只是强调由中神来随应。如果不熟练拳法，那又如何能随应呢？正由于一切拳法都熟识了，才可以随着感知而应对。所以，千万不要以为熟识拳法不重要。

46. 悟入根本位

学佛有迷有悟，练拳也有迷有悟。仅学识一些佛学的概念，或仅学识一些咒语和手印，然后便将整个人放入这些东西里面，那便是学佛的迷。如果练拳仅学识一些套路，或仅学识一些师传的指点，也是将整个人放入这些东西里面，那便是学拳的迷。

悟呢？也未必悟对，看你怎样来悟，悟出一些什么。六祖从一句"应无所住而生其心"便开悟了，他悟的是整个佛学的要害。练拳的人悟出打人的中、打人的变，那便是悟出了拳学的要害。

许多学佛的人都说证空，以为空是佛学的精华。怎样来证空呢？他们由缘起来证，一切法由缘起而生，所以这个法只有缘起性，没有自性，没有自性就是空性了。他们就以为已经证、已经悟，其实依然未得证悟。学拳的人学到本门的套路和散手，跟人对敌，常常获胜，便以为已经学成了，其实这依然是第二乘的功夫，还未悟到第一乘的义理。

禅宗和密宗说缘生，是为了说一切法虚幻，水中月、镜中影就是虚幻。水中的月影依着水而生，镜中的镜影依着镜而生，如果光看水中月影，镜中镜影，那便可以说"缘生性空"，可是他们忘记了根本，看月影的时候忘记了水，看镜影的时候忘记了镜，那便将根本与现象分成两个东西，无论怎样看都是两个东西，这是最大的迷。

拳理也是一样。我们说自己的气要透过对方，将对方笼罩，因此内外合一。这样说，其实我们还是说水中月和镜中影，在拳理上已经很高了，可还没有说到根本，没有说到水，没有说到镜。

所以，禅宗才要说"本来面目"，密宗才要说"根本位"，那才是说到

46. 悟入根本位

水中月的水，镜中影的镜。这时候，认识到水，认识到镜，记着，还要同时认识到水中月、镜中影，那才是澈底、究竟。因此，说用气场来笼罩对方形成一个通道，虽然已经是很微妙的拳法，但我们还要知道，什么是这个通道、这个气场的根本，或者说本来面目。现在我教你们的，并没有教到这个根本、这个本来面目，说老实话，我现在还没有能够根据根本、根据本来面目来练拳，这正是我努力的方向。所以，现在我就学密学禅，希望过几年可以打出根本拳、本来面目拳。

再说一说这个根本。无论什么根本都可以归结为本来面目，水中月的本来面目难道还不是水吗？镜中影的本来面目难道还不是镜吗？这样才能说出本来面目是什么、根本是什么。可是，当这样说时，一定要两个东西一齐说，说水中月时不能忘记水，说镜中影时也不能忘记镜；反过来，说水时不能忘记水中月，说镜时不能忘记镜中影。这样就是一个整体了。

这个整体其实要分两重来修炼。

第一重，就是现在我们所说的一重，以心神守中为根本，由此生起气场通道，这时候，心神守中就等于水与镜，气场通道就等于水中月和镜中影。建立这一重时，我们还有分别，能不能够守中神，这就有了"守"的概念、"中"的概念、"神"的概念，还有"气场通道"的概念。这便只是以心神守中为根本，这根本不究竟，未澈底。

第二重，可以说是以如来法身为根本，以如来法身为本来面目。因此，守中神便有如水中月、镜中影，是面目，不过不是本来面目。

所以，若能进入第二重的境界，那么连气场都不需要着意，更加不需要着意于通道。密乘说，如来法身有七种金刚功德。谈锡永上师写了一首偈颂说："无瑕无坏复无虚，无染无动都不居，是故无碍无能胜，金刚空性似沉雷。"如来法身不可思议，不成显现，却力量无边，能周遍整个法界生起无量世间，所以比喻为"沉雷"。虽然不成显现，却具有不可思议的体性，将这体性说出来，便是无瑕、无坏、无虚、无染、无动、无碍、无能胜。你看，能进入这样的根本位，还需要说什么心、神、意、气，因为这些东西自然就充满在七个"无"里面。既然无能胜，谁人能打败他？既然无能胜，谁还能遮盖他？

因此，密乘说："根本位的性相乃无分别之体性，必须离名言句义、离戏论、离作意而觉，始能现证无分别之根本位。"我认为，这其实也是无能胜拳法的根本位。

【谈批】佛家说一切法缘生，许多人以为这是说一切法的空性，其实不是。因为缘生，所以一切法虚幻。说虚幻便有一个根本位，这个根本位即是如来藏。现在说大成拳也要说悟入根本位，那即是说，见水月时不光是见月影，月影的根本位是水；同样，见镜影时不光是见影像，影像的根本位是镜。现在分两重来说拳理，第一重即见月影与镜影，第二重才是见水与镜。这个说法非常精辟，希望读者细加体会。

47. 法门真谛

通过立禅站桩,把真性情恢复,去掉颠倒梦想,只是前面说的第一重境界,而法门真谛才是第二重境界。现在我们强调回来,回到本心,用本心来感知万物,这境界其实已经很高,跟第二重的间隔可能只是一张纸,所以依我们现在的情况来说,就先隔着一张纸来练,暂时用自己的本心来作根本位。不过,当站桩、推手、断手时,我们也可能进入连心与意都忘掉的境界,这一刹那,我们其实已经入第二重境界的边际。只不过,接下来我们一进入生活,便又从这边际退回第一重境界。

修佛的人其实也跟我们一样,即使是修到很高程度的人,站到第二重境界,也会退回第一重,所以他们强调"串习"。我自己现在还在串习,串习是一连串的修习,由头到尾反复修习,不站桩时也在修习,即在日常生活中也由中神生起气场。密乘说由串习便可以进入根本位,我希望自己能够做得到。现在要求你们的,便是不停地由头到尾反复修习,日常生活也尽量守中守神,这样至少不会离开法门真谛。

【谈批】这段是承接前段说的,说两重境界。第二重境界要由悟而得,没有一个练习的形式,难怪许多门派的高深拳理,都由本门宗师才能悟到。

48. 无形的腿

现在回过来谈纯技术的东西。

其实这些东西未曾离开过本来面目、根本位。所以，听我讲这些东西，千万不要落在自我，不是由自我来发拳发腿，是由中神来发，这样，这些东西就不是纯技术了。

要懂得两条腿和一条腿的关系。普通人练拳，练步法落在两条有形的腿上，重心的调整靠这两条腿，这还没有入门。真正的入门，是百会和会阴之间延伸的那条无形的线是一条腿，两条有形的腿是为那条无形的腿服务的。那条无形的腿永远是稳定的，就像球一样，那个是与地的接触点。用两条有形的腿来练，只是为了练那条无形的腿。这无形的腿其大无外，其小无内。

有些拳来回转换在一条腿上，重心放在一条腿上，这时候，无形的腿便跟重心所在的腿重合，这条腿看起来有形，其实已经是有形与无形的结合了。所以并不是光用这条有形的腿，起作用的还是跟它结合的无形的腿。这样说来，我们就应该知道，即使纯技术的东西，也应该依中神而发，不依中神，便还只是两条有形的腿。

【谈批】说无形的腿，其实是说虚实。一般说虚实，是将二者分开来说，腿虚便虚，腿实便实。现在大成拳是虚与实都放在一条腿上，说的是有形与无形的建立，这是很微妙的理论。"纯技术的东西，其实也应该依中神而发"，道理上说得很明白，实际运用时，如何虚实结合、有形无形结合，恐怕在练习时应该有一些口诀，读者不妨咨询鸿坤。不过他已经说了，用两条腿来练，其实只是练那条无形的腿，所以，大家就先用两条腿来练吧。

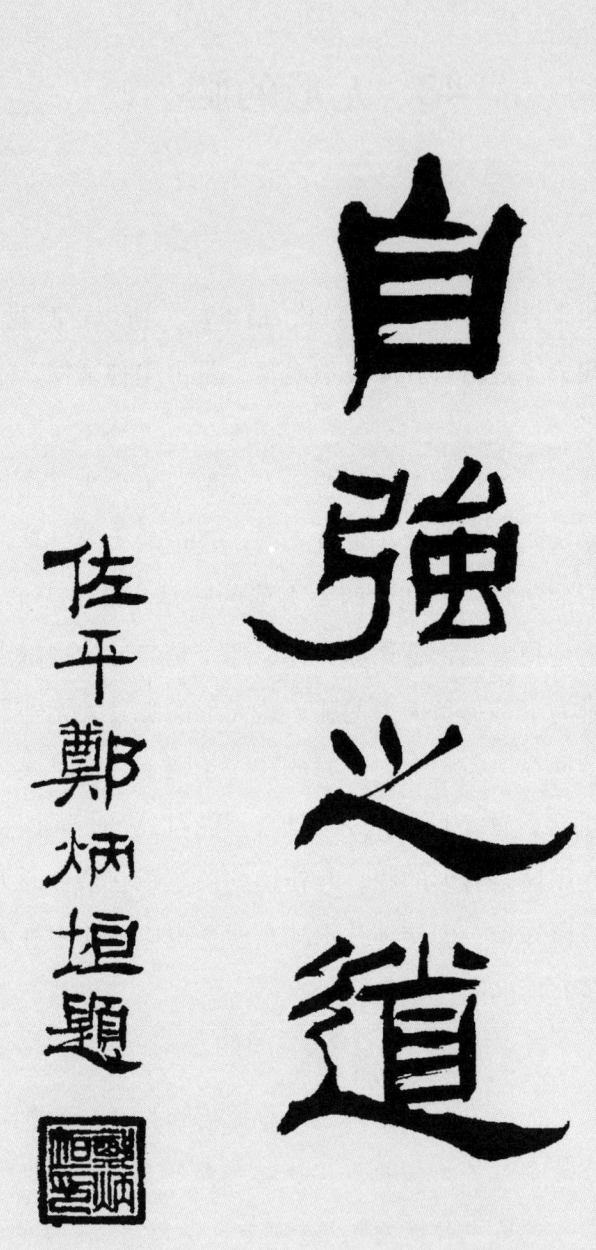

49. 真实无分别

现在从日常生活的角度说一说无分别。

我知道无分别，也知道守中神、立禅即意，可在日常生活中，我还是个落于分别的人。我追求拳学之道、生命之道，一心想维护这个"道"，就不知不觉地把自己定位在"道"的位置，其实是依"道"来作分别。

有人给我的昌平小院拍了一张照片，在下沿写了一行字："一个拳师的院子"。看到这个标注，我就心不平了，不舒服。如果他注的是"一个禅师的院子"，我可能会十分舒服。

这说明了什么？说明我心里一直执着名相，还未清净。我是依名相来感觉，所以看见"拳师"的感觉跟看见"禅师"的感觉完全不同。这样一执着，就导致平时的修学有分别、有忌讳，不知不觉就形成了习惯。把"拳师"和"禅师"对比，把"坐禅"与"立禅"对比，认为坐禅身体没有能量，立禅才能激发身体能量，这样起分别心，作分别想，便是自己对自己的心设了障碍。身心空荡荡、暖融融、不动念、不分别，就会觉得，啊，原来坐禅、立禅一如。作拳习禅没有对抗与不对抗，没有禅或是拳。

从早年热爱对抗到规避对抗，到现在无所谓对抗或不对抗，我感觉自己好像有些入门了，与各位分享。

【谈批】作者自述如何入无分别，真是值得分享的经验。他的过程是：对抗→不对抗→无对抗，亦无不对抗。其实可以说，这个过程是：分别→作意不分别→无分别。如果能依着这个程序来过日常生活，便是禅家进入家常日用的过程。所谓家常日用，其实就是不落分别概念的日常生活。

50. 离一切相，即一切法

离一切相，即一切法。离一切相，是名诸佛。坐禅、立禅，都是相，要离这个，不能执着于形体。就像拳法的技击、断手法门一样，王芗斋先生说，"三尺之外，七尺之内，毒蛇猛兽"，这是他的感知、他的方便法。在对敌过程中，如果自己的心离不开这种感觉的话，那就住在这个状态里面了，就把自身的心给搭进去了。

理解王老先生的说法，感知他的说法其实是说"中神"，是说自己的中神跟外在结合，那就够了。如果真的依着他的说法来起相，不能离他的相，那便是执着，执着一个假设的状态。

他为什么要假设这种状态呢？是用这种状态来假设普通人的对抗状态，也便是三尺之外、七尺之内的通道。如果把自己的心搭进去，那便是在这个通道中练习；如果不把自己的心搭进去，那便是在他假设的状态中练习。可是我们现在说，任何状态都跟这个心没有关系，就是让这个无所住的心不失清净，然后培养它、让它强大。这样不是否定王老先生的假设，只是得到他的密意而忘记他假设的相，这才是离一切相。

【谈批】王芗斋老先生指出中神所笼罩的范围，即是三尺之外、七尺之内这一块地方，这在对拳上应该非常实用。三尺是贴身打，七尺是离身打，相信对拳不出这个范围。本节拳论说，不能将三尺至七尺看实，那是拳理，所以说是"离一切相"。理论上气场可以无限伸展，实践上是否应该无限伸展，恐怕还要通过实践来检查。佛家观修法界无限无边，练拳是否还应该有一个劲力所致的范限，值得研究。这只是个人提出的疑问，并非否认大成拳理。

50. 离一切相，即一切法

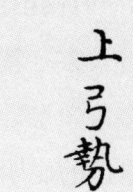

51. 入佛知见

要体会"作拳"两个字。大概十多年前，我说过"把心打开，让拳进来"。那个时候虽然不是很清晰，但是隐隐约约能感觉这些东西；现在很清晰地告诉大家，就是这个"体"。

很多人学拳、学佛，实际上是作拳作佛，他都是拿自己的心性来开拳开佛。用自己的聪明来开，以自己有一时的灵光闪现能跟佛法、拳法的智慧合上，他就说佛法真好，或者拳法真好，就自以为学懂了，而实际上这个"体"还是他自己那个体。如果每个人的灵光不一样，他们的佛法、拳法就不一样了，这就产生了分别啦、对待啦，等等。这就是用个人的知见，来代替入佛知见、入拳知见。

这是很可怕的事，将自己的知见说成是佛的知见、拳法的知见，那便迷失了"体"，只不过是用佛法和拳法来武装自己的知见。所以要立禅，由是无我，由是生起正信，由是入佛知见，入拳知见。这样，才能成为无我的状态，然后才能得到智慧。无论学佛抑或学拳，首先要信，不信就不能生定；不能定，就不能得到智慧。所以，我们学拳，首先要信王老先生传下来的心法，守中守神是定，定由立禅即意的心法而生；有了定，便等于有了气场通道。这时，自身有三结合，跟外境也合而为一，这就是智慧；在智慧心神中施展技术，那便是将智能起用，发出功能。

所有这些东西，必须建立在信的基础上。如果不相信，而又想学习，也可以尝试一个办法，就是先把自己的不相信放下，先学进去，学进去再判定。如果觉得还是不行，就不学这个东西了。

还有一个问题，就是法的问题。刚才讲无我，现在讲法。有的人执着于

51. 入佛知见

法，执着法的时候他就有分别、有选择、有排斥，等等。实际上法不是目的，通过法能明心见性，觉悟身心，这个才是目的。但是，人们在选择法时，往往把目的给忘了，或者学法的过程中就把目的忘了，执着于法、非法、上下、好坏，等等，或执着于究竟、方便，执着于这个、那个。所以，在学拳法时，千万不能执着于每个阶段所学的法，而忘记每个阶段的目的。这个阶段是要你松，这个阶段是要你得中，这个阶段是要你能提起神，如是等等，都有目的，并不是要你懂得站桩的形态、推手的形态、断手的形态。王老先生说，我叫你怎样做，你便依着怎样做，说的似乎是形态；可是他接着又说，当真这样做就错了，那便是要你由这种形态来得知见，知道每一阶段练习形态的目的，而不是当真落在这个形态里，用形态来满足自己。金庸说的"剑宗"、"气宗"，两宗争胜，其实两宗都错，气宗是不能"我叫你怎样做，你便怎样做"的，剑宗是"当真这样做就错了"的，所以两派都没有真正的高手。

　　入佛知见，不能落于法而不舍，也不能用自己的聪明来知见。还是说剑宗气宗吧，金庸说的气宗是用自己的聪明来知见，剑宗是落于法而不能舍，我希望能够做到得法而能入佛知见，那便不用剑都可以将金庸说的两宗打败。

【谈批】 本节说出一个要点：由立禅即意生起定，定的境界是守中守神，定的功能是生起气场通道。

知道这个要点，便知道怎样来生起气场。能生起气场后，便是生起智慧，智慧是如何发挥技术。

知道了上面说的道理，就不会偏重于意或偏重于形，只可以说形由意生。还要知道这里说的"意生"，其实是任运，也就是本然的适应。本然的适应没有作意，若作意于形，便不是本然的任运，只是依着概念来适应，你这样的一拳打过来，我就用什么招式来对付；若作意于意，便不是立禅即意，只是依着概念来作意，我这招式打过去，便会得到什么效果，如果不能得手，我又怎样变招。未出招时，先已作意重重，那一定不是高手。

金庸写剑侠，一招有十多个变式，每个变式又有几个变化，实在是对这些剑侠的讽刺。所以，独孤一剑只是一剑，这一剑就是合乎前面所说要点的一剑、立禅即意而起定的一剑。

52. 分而不分

　　心、神、意、气、形，这里特别重要的是心和形。形实际上就是咱们说的这个身，身心俱要觉悟。觉悟的心就是清净心，清净无杂染的心才能起用。然后，觉悟的身体才有智慧，才不障碍这个心，也只有在心不障碍的状态下才能起用。不障碍的前提是，它自己先要通透无碍，自然合乎生理，合乎所谓的生物场，合乎间架等。所以，要训练，由训练令身心通透。

　　再就是意。我们说身外全是意，意如大海。有形的身体，在这个无形的意中运行，身与意是分而不分，不一不异。如果没有经过训练，有形的身体和无形的意都是浑浊的，就成为一个浑浊的运行，所以就不能发挥功能。天生大力的人就是这种状态，他们只能打天生力小的人，"黑旋风"李逵只能打牢卒，一碰到林冲和燕青，他就没有办法了。

　　【谈批】心、神、意属于抽象的精神，形属于物质的身体，用来贯通它们的是气。这是俱生的现象，任何人生出来都是这样。

　　这段拳论没有谈到气，只说心与形，其实所说的心，亦已包括神与意，所以这段论述已包括了精神与物质两部分。人们很容易将这两部分分之为二，因为明明是两部分，当然就是二，这就忽略了气。人的思想，其实无时不是连同气一起来动作，所以只有无意识的动作才没有气。在日常生活中，我们存在很多无意识的动作，甚至变成惯性的动作。例如，有人说"我在想"，他会随手在太阳穴边打两个圈；有人说"我想他听话"，他会随手在桌子上拍一拍。这些无意识的动作，都没有气，准确地说，这时候，因为没有用心，所以便没有心气无二的气。

　　这就是读这段拳论需要注意的。必须明白,这里所说的心、这里所说的意,其实说的是感知的觉受。所以这觉受要扩大到身体之外,即觉受的境界有如大海。这样,气才能贯注身外,有如大海,由是身心才能合一,这个合一便是精神与物质分而不分的境界。

53. 站桩与立禅

站桩，在民间练拳、各家各派的传承里面都有。王芗斋先生倡导的大成拳站桩，与各家有所不同，主要是立意不同。大成拳的站桩，既是功夫，又是技术，要在间架、生理、能量场、感知和意念的配合下练习。初期对间架结构的要求比较严格，用的心法即不住在这个间架结构上。精神放大下无执着的状态、合乎技击间架规矩的形体，这两个东西要配合合理，即由形松意紧到无形无意的良知良能。

学王芗斋先生的站桩，很容易把形当意用，即形还在没觉悟的境地，很容易把"识"放到形里，就成两个东西了。还有，就是技击意识强，易动对抗心。只要练成所谓的功夫，就是身心不和、颠倒梦想和执着，生活各方面就会有些问题。有了问题时，就会走向另一个极端，如在生病的时候会讲，"什么都不想，完全放松"，妄想能找到一个身体舒服的感觉。

王芗斋拳学的三个阶段：意拳正轨、拳道中枢（大成拳）、养生桩等，都是从"无相"入手的。从有相到无相是一个过程，但容易使人住于相。只有不住相，合于道，才算对路。所以王老先生在《拳论》中说："如若论应敌，拳道微末技。"

立禅是以身正心（这是果地修）同时以心印物的觉悟身心之法。首先让人回归到身心祥和清净的状态，把颠倒梦想、执着去掉了，离念不着相，这才是立禅的目的。意若大海，形如鱼。立禅站桩要竖起精神，松活关节，自然发起神意之灵机。灵机出，备万用，学立禅更为简易。不染六尘，亦不设一法，身体智慧才能出，万法皆备于我。大道至简，直接本源，立禅法门，非是在王芗斋先生的拳法上增生旁枝末节，而是说出王先生之所未说。

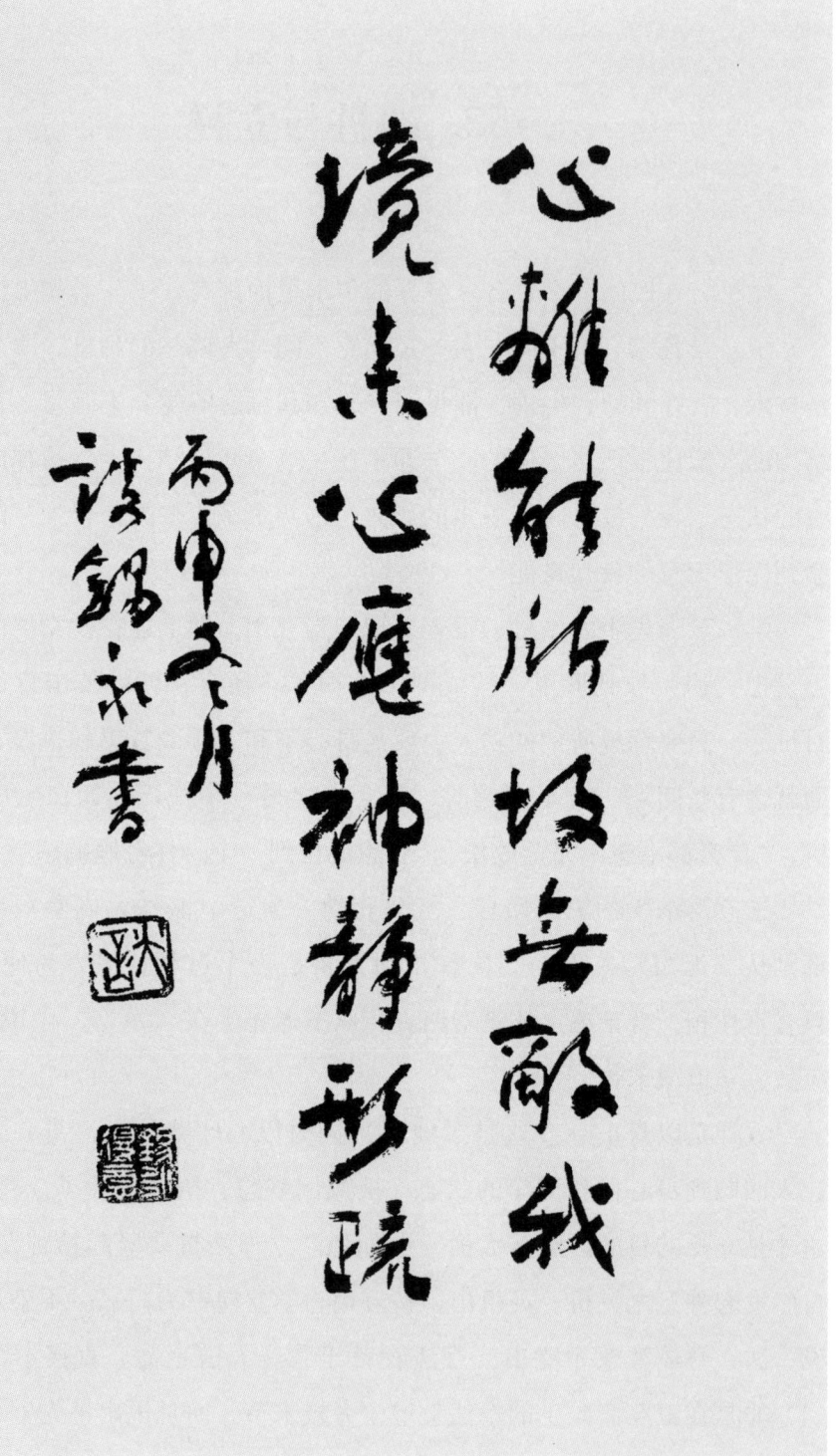

心安能所故无敌我 境寂心虚神静形疏

丙申五月 诸锦永书

王先生在《断手述要》中言："学者若能从我之所说者推出我之未说者，实我至望焉。"我希望自己能够做到。

王老先生用"站桩"这个名相，传给他的弟子王选杰先生，王选杰先生传弟子时就亦用"站桩"这个名相了。只是当年传我的时候，他对我已很少说站桩，只说"立禅"。此中应有深意，可能是鼓励我身心觉悟而不落于形。

【谈批】王选杰先生传鸿坤时，不说为"站桩"，是说为"立禅"，可以说是对弟子的夸许。说是"站桩"，便很容易分为形与心两部分，或者说为形与意两部分。说是"立禅"，由于立禅即意，所以立的形便跟立禅的意合而为一，亦即形与意二者分而不分，所以在名相的运用上便有了区别。

立禅是以身正心，同时是以心印物，所以是用自己的身来令心清净，然后用清净心来觉知外境。若以心为主体，立禅的过程便是这样：身心相印→心物相印。却需知道"身心相印"的心，还只是自己的心识，有分别的心识；"心物相印"的心，却已是"身心相印"之后的心，当用此心与物相印时，则已入无分别的境界，这个过程跟密宗的修炼吻合，试用图表分解如下：

$$\left.\begin{array}{l}身\\心（有分别）\end{array}\right\} \rightarrow \left.\begin{array}{l}心（无分别）\\物\end{array}\right\} \rightarrow 立禅即意$$

＊前页谈锡永先生手迹"心离能所"释义："能所"是佛教早期所用的术语，通常"能"指能动一方，"所"指被动一方；"能"指主体，"所"指客体，"能"与"所"相对，犹言主客观。《佛学大辞典》曰："二法对待之时，自动之法，谓为能。不动之法，谓为所。"

54. 得机得势

有些人习惯强势，有些人习惯弱势，这些都没关系。搭手不存在强弱，目的只是得机，如果得到势当然更好，得不到也要得机，处处得机，让对方的势用不上。这里没有强弱，只有机势。有些人喜欢争强弱、争输赢，这是有想法；只要有想法，他的机、势就会出问题，有想法冒出来就失机了。我们练的是得机，所以不管弱的想法还是强的想法，都不能有，所有的想法都是失机的表现。良知良能，有感即应，没有自己，方能感知。心里要稳，心里不稳做不到没有自己。

机怎么来的？什么是机？机是因应对方的趋势而产生自己的一种无为状态，这种状态就是机。有些人做得挺好看，没有进也没有退，但是没有进攻能力，感知不到对方的变化。你自己得有进攻的能力，也要有防守的能力，这才有机，机是活的。

两个人站搭手桩时，除了双方接触点的地方，其他所有地方对方都不知道。但你在这个过程当中，应该感知到对方的接触点以外所有的地方。我说这些话，要用心听，慢慢听，把话听进去，按照这个去练拳、去生活，就懂了，生活中要用这个东西。

没有进退，没有输赢，没有强弱，只有机势——得机得势的机，得机得势的势。站桩就是一种活的状态，需要根据对方的变化来调整自己的机。两个人搭手站桩最重要的目的就是要找到机。刚才我示范了弱势的机，现在示范强势的机。强势的也要有机，但不落到实处。我的机要等着对方，我往实处一落，对方就能用我这个势。

【谈批】用气场管道来笼罩对方便是势。其实每个人都有气

54. 得机得势

场，用红外线摄影，便可以见到笼罩身体的气场。佛家由于修炼，所以有圆光，圆光是一团球形的光，一个球形笼罩着头，一个球形笼罩着身，佛、菩萨、罗汉等都有这两团圆光，不过写画的时候，只写头的圆光。

气场强的人自然有势，因此修气便等于修势。

至于机，是由感知而得。气愈强，感知的范围便愈大，所以愈能得势就愈容易得机。这种情形，我们在日常生活都可以看到。我小时候看人斗蟋蟀，好的蟋蟀一放入盘中，就见到它得势，所以打起来时，它的动作非常灵活，这灵活就是机。失势的蟋蟀见到势强的蟋蟀自然会逃避，因为一接触，它便知道自己已失机。

如前面所说，势与机都跟气有关，所以立禅便有如修气，密乘修"心气无二"也可以说就是立禅。

那为什么说"立禅即意"，不说"立禅即气"呢？既然知道心气无二，所以修气也便是修心，强调心的清净，所以称之为"意"。是故得势得机，其实都由立禅而来。当然立禅也可以称为站桩，那只是遵从拳家的说法。

这些说起来很复杂，但是你要碰到人了，得机得势，对方就让你控制了。用对方激发我的机，我一用他就出去了。你把对方摁住了都不能动，要让对方扣你扳机打他自己，对方挨打是他自己失机造成的。

两人桩搭手，你对的不是他的手，对的是他的中。对方强了，我就放虚，让他的强找不到落点。对方的势大，也要让他被动，这才能得机，一搭手就找这个机，这跟用劲不用劲完全没关系。

搭手桩，搭手的一瞬间，你要夺对方的中。如果夺不了，原因是对方没有想法，他跟你是对等的。但对方一有想法，跟你就不一样了，你的机会就来了，你顺着对方的想法，沿着这个通道就能过去。如果对方反应快，他可以变，你就随着变，跟他形影不离。具体运用的技术是身体要有能力，机会

發強剛毅

之江

来了,怎么办?生活中很多机会来了,无论做事、经商,机会来了,自己慌了,没有能力处理。如果没有这种能力,机会来了也没用。平常站桩就是要培养这种能力,培养自己的觉察力、感知力。

站桩培养神、意、气、形,而且越来越熟练。现在大家还不熟练,还要说这个东西,熟练了就不用说了,它就会成为自觉的东西,会成为本然状态。现在就是培养本然状态。

所以,两个人搭手不是较劲,是等对方出力,是等对方有想法,有想法马上就用他这个想法。现在问题出在哪儿?就是等对方的时候没准备好,一是不会等,二是会等的人不会用,等对方都有想法了,自己跟对方犯同样的错误。对方都出来了,自己还迎合对方那个出来,还跟对方较劲。对方出来你需要做两件事情,一是对方建立通道,你要顺着进去;二是对方犯的错误比较严重的话,你要帮助他把错误犯到底。当然,这两种方法不是绝对的,如果对方中途觉察到你的意图,他有功夫他就会变,你就要下功夫弥补对方这个变,让对方不能变,抓住机会不能错过,把好事做到底。

第一个就是身上的连通,对方压你的时候就像弹簧有反冲,你要卸他的力,你能变。你出去的时候,你的中和意识能出去,你能逼着他往他通道里走。因敌变换嘛,你去的地方是对方不得不让你去的地方,就是去对方的势,出破绽的地方也是建立通道的地方。

理是这个理,用的时候观照,跟这个理合不上的时候,看看是哪儿合不上。对方的势出来,对方压你,如果你不会用这个势,你就不能接。势和通道建立起来时,便能让他不管不顾地自己送上来。他来了,你没有势,你就要跟他较劲了,这种事不能干。如果他出一半不出了,突然又回去了,你反应要快,反应是战术。你所做的所有动作都要跟对方有关系,对方不动,你不能老叫,你一叫,对方顺着你叫的地方就进来了,等于你把对方的通道建立起来了。

机来了,要会用。用的方法很多,慢慢找到自己的方法。平常老说觉察力，生活当中要观察。现在的问题就是找到机不会用，找到机变成这样或者那样。理听懂了就有可能做对，听不懂不知道自己做什么。咱练的是机，别人练了一辈子不知道机在哪儿，咱是一入手就练机。所以搭手不能茫然，不能一搭上就想把别人怎么样。你老在得机得势的状态下，你能坚持几个小时，对方一给你建立通道，他就没有了。

【谈批】这里说的是如何利用势与机。用机似乎是被动，其实应该是后发先至，正因为有后发先至的势，才可以控制对方。无论对方如何变化，你都能因应对方之所变而得机。

先把身上有东西后的能力站出来，把身上站通，把自己弄清楚，完善自己。不抬手的桩练的是上下的能力；混元桩练的是十字支撑的能力，前后十字，你看，手一放，两个肘横着，三个十字。最后把有形练没了，没了还有，有了还没。

两个人对抗的状态，他是势出来了一部分，你是势藏了一部分。势藏一部分，机多一部分；势出来一部分，机少一部分。这就要等啊，他再给你机，你再蓄下机。要等，让对方的势出完。如果对方势出了，不给你机会，那另当别论。咱现在先练这个，让对方把势出完，因为大家都没有能力。有能力就不用说了，进也打，退了打，败也打，那是另外一回事。

关键是知道，知道是第一步，知道这个意思以后，贯彻这个意思，会做这个事情，落到实处。对方无意间给你建了个通道，你进去就进去了，如果进不去，对方势也完了。你就看他、等他，对方的势大，但一会儿就完了，你就有机会了。

顺着他，接触的地方始终不能丢，但是不能顶着，你看火候不能紧了，放松，还是有着关系；你如果没有关系，他直接就上来了。有着关系，两边是同等的。要做到同等，是需要练的。

没有用力才能决定是这样。我这没有力，这一节他拉断了，后一节又拉断了，你拉断的速度没有我进力的速度快。你都把我拉到这儿，但我还在

54. 得机得势

进。你要连起来就不行，要像珠子一样，为什么说所有的关节都要松呢？你抓着手拉我，你拉哪一节，哪一节给你，给你的同时，其他地方进去了。

有些人搭手的时候，对方动作很突然，很快，他就反应不过来，这是平常就没有觉察力，没有外在相合的机。要意识在先，所谓形在后、意识在先。像珠子一样，意就像那根线，断的是形，意没有断。这个时候，如果找到机，怎么办？找到机你就要等，这个时候是两个人都有机，你认为你有机，我认为我有机，但是最终只能有一个人有机。你认为你有机了你就等，让对方变。出现这种情况，手、身体都要用，要辅助，除非你的水平很高，或者对方水平很低。你反应快就能控制，反应慢控制不了。要不你跟不上，做假都跟不上。

为什么有些人搭手老被别人甩出去？因为他比对方慢，对方占到先机了。没占到先机有很多原因，有的是不懂，有的是较劲，较劲也是一种不懂。你没有控制对方的中，你就得不了机。你把他来的力放到你的环上，连到一起，就跟拽着绳子一样。有些人他不会变，不会用。你老站桩别人就抓不住你，没有站过桩的人一下就被抱死了。

进入状态很重要，这种状态是忘我的。站桩是解决怎么样有能力进入这种状态，不站桩永远进入不了状态，即使偶尔进入，也是瞬间就没有了。站桩就是培养任何时候能进入状态，这是技术，大成的技术是需要积累的技术，很多人练大成拳练十年了，还没学会这个动作，这是一辈子的技术。

【谈批】这一段的要点是说"忘我"，没有敌我的分别，所以"我"只是对"敌"的因应。在忘我的境界中，可以说是两个个体合一的因应，必须这样才能在气场通道中，由感知、因应来成为一个整体的变化，这是机与势的最高运用。密乘修心气无二，修至"还息"时，已无内外、个体的分别，修行的人就能得到内外相融的气、一切个体相融的气。这时用来练拳，自然随时得机得势。你在一个整体中得机得势，同样处在整体中的敌手便容易失机失势。

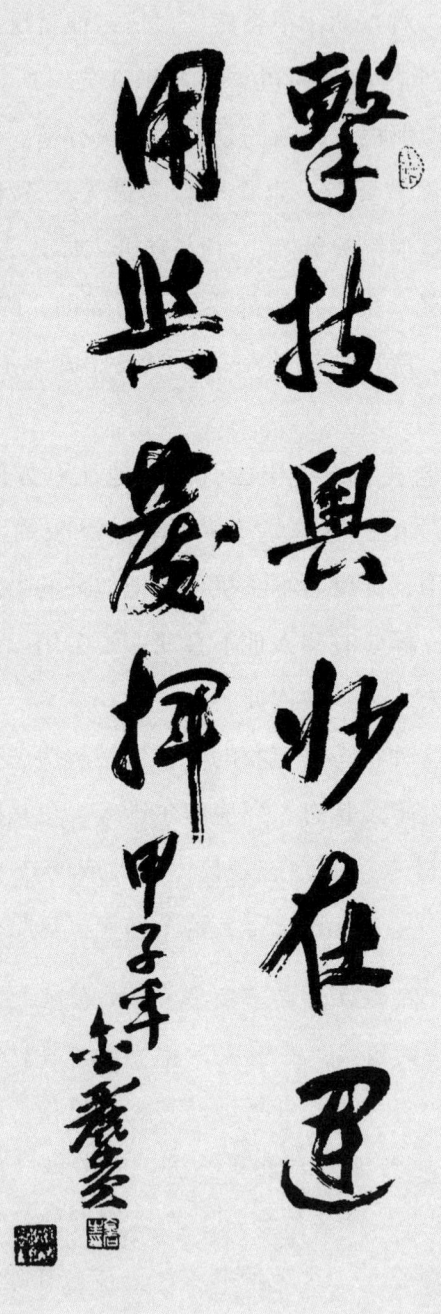

这个机怎么找？你搭手，熟练后就会等到对方的意识、对方的想法。在等中能感知到更细微的东西，对方感觉机会来了，但实际上是他给你送机会来了，所以身上要具备等的能力。现在知道为什么千万不能用力了，不能直接上去较劲。赢了要清醒，提醒自己是今天运气好。搭手知道机了，就是进步。理论懂了必须多实践，真正的实践检验真理；实践，认识；再实践，再认识。

大成拳是感知的拳法，没有套路，没有招法，没有动作。站混元桩，是综合立体间架的能力，上下、左右、前后都有能力。感知对方，自己不动，就像你存了很多中药，但没有方子，有药还得有方子。感知到对方需要什么，再开相应的方子；而不是存了许多方子，看对方不适合，你就要换一个病人。懂得换病人就懂得找机，机比势更重要；说得机得势，是得机才能用上势。你不得机就没有用上势的机会，在很多情况下，机就是势。

你有这机会不见得能办成这个事，因为势没到。譬如说，我感觉我有机会打但我打不到他，是因为没有势。有时候机和势是一样的，但大部分时候得机不一定得势，只是得机就容易得势。

得机不得势也用不上。对方若得机，你一动他知道了，他就变了，他不变是因为他不懂；你得机了，你等，等他变了，你再用，用对方这个变，你的势就能出来。

【谈批】这一段是承接前一段而已，其要领，在前一段时就已经说及。

55. 集训对话摘录

2013 年"五一"集训。

集中站的时候，身体变化很大，要有觉悟。心要在这件事情上，心不在这件事情上，等于阻断了过程，就得不到好处。站完以后要慢慢地活动，少说话，心要变。在自己身上、别人身上要有所感悟。我给大家说的事情，这一个跟那一个都是有联系的，为什么讲要少吃饭，少说话？你吃那么多，饭就把你站桩的状态替代了，它给你挤兑了一部分，吃饭能维持你持续地站下去就可以了。要不然，总想着吃饭，一见到饭，桩就没了。要拿站桩的状态控制一下食欲，心思要在站桩上。

大家说说这几天的感受。

沥斌：第一天身体不适应，意识也乱飞，什么都想，想着自己就受不了；第二天好多了，能控制意识了，利用师父教的口诀，有一点状态了；第三天状态就更好了，疼的地儿也不疼了，快乐的状态多了；今天就更好了。

春胜：头两天还好点，今天有点拿不住桩。心老兜着，不在桩上。

师父：你是出来得快，有的人三四天，有的人两天，身体会发生变化。人跟人不一样，既然在集中立禅站桩，就能看到别人跟自己不一样的地方，看自己是什么样的状态，要时时刻刻在中的状态上。

我自己检讨一下，我一天就吃一碗饭就行了。昨天来朋友了，一直跟他们聊。我说这些是什么意思？是讲说话耗气，乱想耗气。你看他们送来的大乌龟，半年没吃东西，照样神气活现。看看有些人，一顿不吃就急了，一看见饭眼睛都绿了。

平常有问题，通过站桩就能显现出来，谁的心能安住，谁的桩就能站下来。咱们从明天开始，中午加两个小时，达到七个半小时，这样三分之一的人就顶不住了。听我这个话你要高兴，"这下可以检验我了"，要有这种状态。如果你想着"这下完了"，这是你心没在这个事情上。心里有负担，桩就站不好。要通过别人，悟出来自己站桩的感觉，也要通过自己的感受悟这种东西。我们第一天说，第二天说，不停地说这些东西，你哪怕进去一次，这七天就没白过。要把自己的心了解清楚，心安得住，桩就能站得下来。我们的拳是拿身体练心、练神的。身体越难受，越要安住心。

平常两个人搭手，听劲的时候，是对方让你紧。调别的地方就是解决这个东西。搭手时你会，不搭手以后肩膀紧了，想象着有人按你来调节。如果你盲目地调节，等于把技术浪费了，你只是畅通，畅通了但没有功夫，是不是？站桩，要从头到尾心不能断，身体的感觉不能断，对敌的状态不能断，你吃饭的时候这个状态不能断，难受的时候这个状态也不能断，你走路的也不能断。就像你下棋，你的一步棋走错了，你叹息，但是棋路没断，这样才行。不能一瞬间就被一个东西把你夺走了。

站桩要不住不断，心要在这件事情上。心如果在这件事情上，所有的言行举止都变了，都有根了，要自己把自己的关。

一个人练，练出全身饱满的状态，不胡思乱想，不消耗，全身充满生机。现在这个阶段你身体还会存在难受的地方，这个阶段一过去就没机会了，这时候心还跟身体有的玩，还可以多感受一下。以后练到身体不难受了，想玩都没的玩了，还要找别的东西玩，要在虚空找个东西玩，但那是另外的舒服。你练到一团神气，也能让对方的神气起来，但起来还能让他灭。这种站桩的经历本身就是最大的收获。

门学：我内心非常欢喜，来到这个院子，能跟这个院子融为一体，主要是身心的状态还是比较稳定的。站桩跟我在寺庙里的生活、在寺庙里一个人站都是一样的，是一种延续和弥漫的样子，我好的状态是身心统一。身心统一，与环境统一，把自己的生活贯穿起来，这种感觉是很好的。在这个院子

立禅即意：大成拳学讲习录

我武维扬

李芳辰

里面有种不断的成长的状态。

潘浪：我说两句吧。过来不知道这边冷，衣服穿得少，站桩站得冷。师父碰了一下我的手，说把手脚站得冰凉了是机没有了，我听了以后慢慢地找机，觉得是自己跟着天气的变化，站僵了。自己慢慢地站一下，调一下，慢慢地就好很多。发现很多东西很容易被外在的东西牵着走。

师父：开始觉察的这种状态。

孙达：我听师父说了，把身体放松以后，找到了感觉，身体就像拎起了一桶矿泉水，觉得很舒服。

小蔡：我自练大成拳后，从来没有过脚疼，但从前天下午到今天，我感觉手发胀，脚也疼了，感觉小腹上像有条线，原来师父说的掖胯，能自然而然就掖住。但今天站得不好，好像站不住了。

宗纪刚：我个人的感觉是身体的大部分别扭还是心理上的，就是为什么师父老说一定要乐，一定要面有笑意，眉头要舒展开。如果眉头皱着的话，显示着心底深处还是不情愿，这种情况下，心和身体是两截的、断开的，没有统一起来。把眉头调节开后，你调节身体会发现心里也随之松一点了，心里松一点，大部分身体上的难受就消融掉了。身体的难受一部分是生理的不适应，大部分是心理的不适应。

师父：这种不情愿是不自觉的，是自己不知道的。我一直说最大的心法是高兴，你不高兴，生机怎么出来？就像刚才谁说的天气把他身体拉走了，这就是心和身体之间的乐，联系不紧密了，心如果和乐联系得紧密，身体就不去找天气了。游戏最大的心法是乐。

阿德：我终于站够了十个小时，如果要加时间我觉得还可以。我们昨晚上站了一天以后，还能再站十个小时。以前我都不相信自己能站这么长时间，以前都是一两个小时，现在竟然站了十个小时，而且觉得还不是太难受，觉得还是心的问题。专心地做一件事，少点杂念，少点说话，效果会好。

师父：要珍惜难受，难受很快就没有了，有的人两三天就没有了，那是心里干净。如果心里不干净，就说不准了。这就是心安住了。就像搭手，就是等，看谁熬过谁，让对方帮你熬。

张永亭：一出来点感觉，总觉得不敢用，一怕用劲，一怕回去，那种状态。

师父：那就是要让感觉稳定、清晰，清晰了就回不去了。要培养感觉清晰，要强化。你心跟它的距离近了，觉得它可靠了，你就会用它，而不是用原来不可靠的。

赵宏：有了新的认识。站桩的状态，原来偏执于放松、松紧，不能具体，不能落到实处。要站活的桩，就像原来搭手，不能一搭手，手被扎住了；就像诵经，不能一诵经，让经文把这个状态拿走了。

侯德海：第二天比第一天强，今天比昨天强。

老陈：我来得比较晚，昨天下午站了一个小时，今上午比昨天下午要好。

师父：一些人，包括我，自由散漫惯了，有个东西约束一下，就容易对自己有个规范。像这里的厨房呀、卫生呀，沥斌想到了；自由散漫惯了人不容易以大局为中心。

小唐：今天知道啥是身体了，没有了，说完了。

申路德：我发现坚持半个小时、四十分钟就不疼了，但放下后又疼了。要是坚持住的话，胳膊抬起来时间长了就好了，如果觉得无聊又放下的话还会疼。腿也一样，一直弯着的话不疼，什么东西只要坚持住了就能过去。今天下午肯定难受。第一天时，咬咬牙总算把四个小时站完了，那是熬着的；第二天就比第一天好了。从昨天到今天早上，状态就比前两天好，因为心不用慌。

师父：今天早上我过来的时候，那个时间段，你站的状态不错，气比较稳定。每个人我都看了，因为路德来了要做饭，比较辛苦，我没想到他昨天和今天站得确实可以。这就是心，没有别的。站的过程，就是与过去的习惯斗争的过程。心里不装别的，进入学的状态，这点特别特别重要。

路德：第一天僵硬，第二天比第一天好一些。第三天下午就比较难过一些了，脚底下就像着火一下，疼得受不了，想逃跑，慢慢地调重心，感觉一点点好了；师父喊还有五十分钟的时候，好像进了状态了。今天感觉还有点僵硬，技术好像不会用了，不太会调整身体了。

师父：继续站，把死的站活了。

高宏生：以前跟师父学了很多东西，不知道怎么用。过去老说守中用中，只是知道这个理，现在明白就是不贪不怕。不能有太强的功利心，心能安住定住。不怕是敢用，心能够放开。从下棋上悟出来，仅仅不贪不怕是不够的，还是要继续学习。我对疼痛还有了一点新看法，就是把疼痛跟自己摘开；看不住它的时候，心跟着跑了，疼痛马上就来了；把心收回来的时候，疼痛慢慢就消失了。通过下棋还明白了一点，就是要专注。

师父：挺好，没有恐惧，就是心安，该怎么样就怎么样。

宏生：师父中午这事，对我非常关键。我这四天感觉快乐但拿不住，现在我明白了，知道以后怎么站了。听了大家的话，非常受启发。跟大家一起站的感觉特别好，自己站时间长了容易有抵触、有矛盾，现在觉得能定得下来，对气定神闲有点感觉。还有一个感觉就是对不断不住的认识进了一步，在任何状态下都能保持是非常大的功夫，这是我要长期追求的。

师父：气定神闲的感觉就好像不是自己了，身体就是身体。

养生有"久行伤筋，久立伤骨"的说法，立禅站桩不必有这方面的顾虑，没有消耗筋怎么会伤筋？立禅站桩不用骨，怎么伤骨？立禅是站着把腿放空了，都是虚的，关节什么的都是虚的。你先得有这种功夫。站桩的层次很多，走的层次也很多，都是要去形的，没有这个形了，还有站和走吗？最后就是一团神气。你现在站得哪儿不舒服了，哪儿紧了，哪儿疼了，要当成对手身体的一部分，要把这事解决了，可以用与外界相合的意识来调整。

立禅即意：大成拳学讲习录

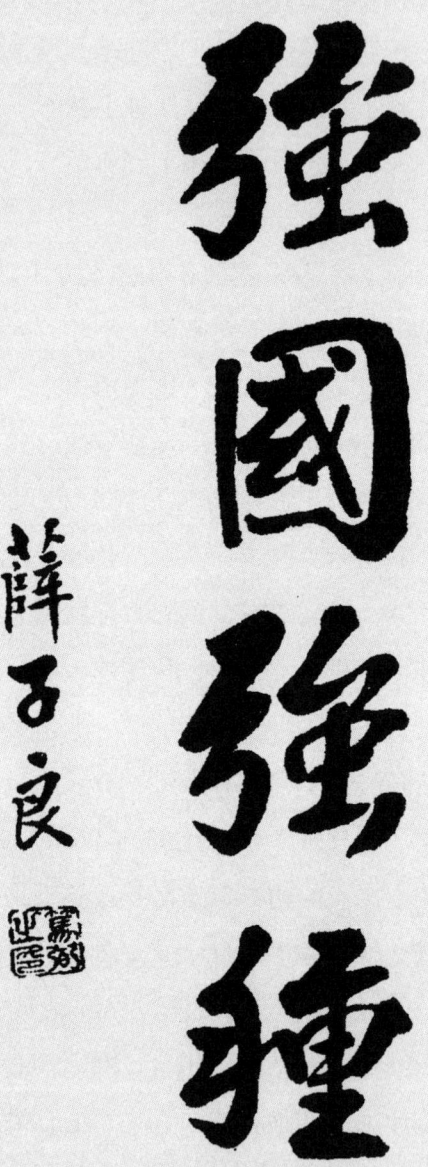

56. 中不丢

两个人抱住，你把我往这儿移一下，但是抱不着我的中，落地的一瞬间才能显出来。我的中如果一瞬间找不回来，那就完了。如果找回来了，我的中一显现，你就落地了。过去有个摔跤的，别人摔他，把他拿起来就不敢放下。他说，你现在放，我轻轻地摔你；你待一会儿放，我会摔坏你。人家就把他举起来，不敢放。这个人参加比赛，跨级别都能拿到冠军。摔跤时，人举起他都不敢放，一放便给他摔得昏天昏地，因为他找中的感觉好。其实他根本不用找，无内无外，然后将无内无外的境界再融入身体，他的中自然便出来了。所以，你只能举起他，不能放倒他。

郭云深站桩，重心在身外。过去有人这样说，我们不懂，不相信。现在知道了，确实是这么一回事。他放的距离大，所以控制的距离远，你不能走近他，一走近就来不及发中，可是他的中在身外，所以控制得远，三尺范围内，中一发动，一步就蹿出去，你来不及反应。

离他愈远的人愈危险，因为离得远，没提防，想不到他一跨步就来了，你根本反应不来。离他近反而好，因为你有提防。

他腿上太有功夫了，他的腿可以把人弹老远。有些人这样练，把战场拉在自己身上，他觉得这样心里才踏实，可是这样其实有问题，稍不注意，就能被打上。

【谈批】 这里牵涉到近打与远打的问题，有些拳法要远距离来打，有些拳法要贴身来打。照本节拳论，其实无论远近，都要得中来打。说到那个摔跤手，别人举起他都不敢将他放下，因为一放下，便会给他摔到天昏地暗，他是近距离得中。与之相反，郭云深

老师是离他愈远的人愈危险,因为他是远距离得中。

这两个例子都告诉我们,无论远近,只需得中;同时启发我们,中不是重心,但可以说是气场的中心,你得中,对手即在中之外,你就容易由守中而得机得势。

＊前页题词释文:二俱非是,孰为此身?出自苏轼《十八大阿罗汉颂》"第十二尊者":"正坐入定枯木中,其神腾出其上,有大蟒出其下。颂曰:默坐者形,空飞者神,二俱非是,孰为此身?佛子何为,怀毒不已。愿解此相,问谁缚尔。"

57. 动静之机

站桩的时候，看着不动，其实是动的，是生生不已之动，是不动之动。神要连起来，意要掌控全局，气要沉，要鼓荡着。静动是啥意思？静动是不动的动，这两个字是针对后边的动静而言的，这就是用。我动的是什么东西呢？我前面三个动，领着后面的静不动，是很静的动。就像拿了块砖头，一会儿过来一会儿过去，但砖头本身没动。

站桩是练松静。怎样松静？用神拿着这团骨肉来动，骨肉不用劲，这就松静了。能松静便虚而不实，就可以随便动作，我动着也是静，因为我只是意动，这团骨肉便是随意而动。

现在我拿着一块砖头，这样过那样过，你以为是砖头在动，那就错了，其实是意动，砖头静。由这个例子，你就懂得动静虚实了。

静是动之机，动是静之迹。拿静接敌人的时候就能找到机，接完了以后，动什么呢？动，就是动静找的机会。把静变换一下，位移一下，例如我拿着的砖头左移右移，这就不是动的变化，而是静的变化。

【谈批】这里说得很精彩，拿着一块砖头移动，"不是动的变化，而是静的变化"，练拳的人能对此深加体会，就会明白变招是怎么一回事。我看许多西洋拳手的变招，只是一味作动的变化，每一个变都失中，要变定之后才得回这个中，这就容易失机，让对方得机了。

能够将动的形式看成静的变化，这里说"神要连起来"，"气要沉"，应该就是大成拳的口诀。神连，密乘说是"相续"；气沉，密乘说是"宝瓶气"。由此可见大成拳理与密乘观修之相通。

57. 动静之机

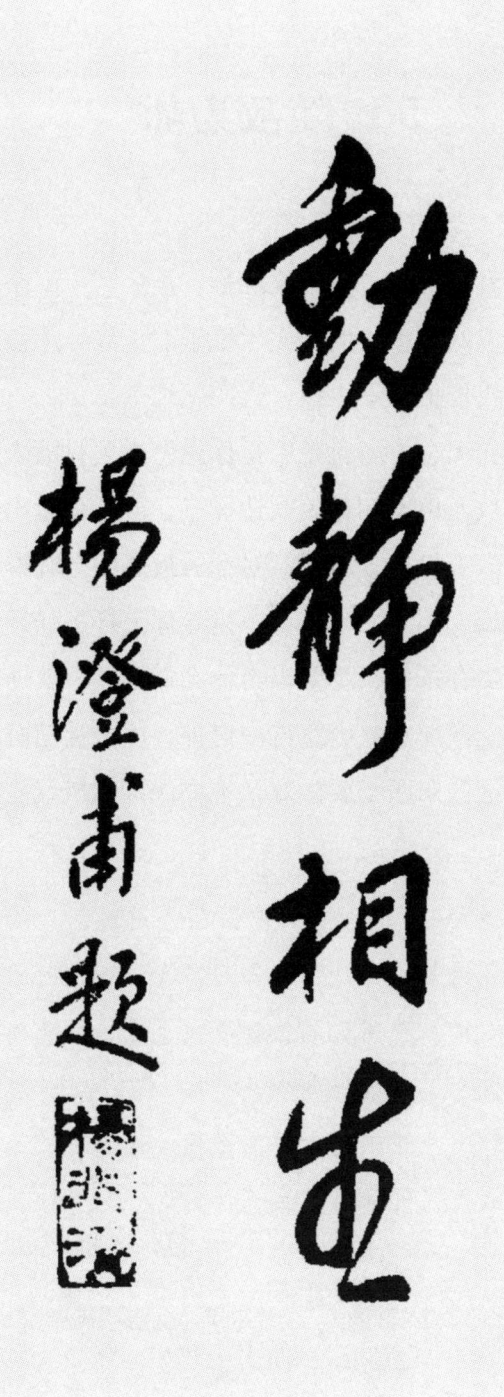

动静相生 杨澄甫题

58. 随敌为师

有人说上乘推手就是推机，是不推之推。推机，一上来什么都没有，一上来就要结束了。有位八十多岁的老先生练了七十年，才悟到推机。推手时对方一动就没有了，我推机，动中取，直接就结束了。

感知者无念，法在无念中。对拳不是你想怎样去打敌人，而是敌人想让你怎么去打他。其实敌人也不知道怎么让你打，但是他做出什么动作、什么变化，便等于教你怎么去打他。所以，对拳时最好的老师是敌人，因为懂得无所住而住的任运，敌人还有所动，都是指导你怎样去任运。

能随敌为师，也要有条件，不要以为什么都不住，就连随敌的条件都不要了。我的理解是，立禅即意，由意得中得神，用中神随机就能令敌人指导你怎样去打他，所以这些东西都要做好，不要误认推机就是取巧。

【谈批】微妙之论，"对拳不是你想怎样去打敌人，而是敌人想让你怎么去打他"。这道理其实前面已经说过，只是自己守中守神而感知，然后凭感知来任运，感知时忘我，任运时亦忘我，这样应该可以做得到。前一段所说的摔跤手，也应该是凭感知而任运来摔人；他也一定忘我，一定与对手合为一整体；当他落地的一刹那，他便因应整体的变化来将对手摔下地。这便是：他不是想怎样去摔敌人，而是敌人想让他怎样去摔他。

59. 静接物，动取中

空不能用的原因，就是落到顽空上，是神气没激起来，没有觉照的能力，一觉照就有用了。站桩，虽是拿身体站，但其实没有身体，身体是帮你站那个神、意、气。站桩是站那个机、那个中的状态，再进一步便是无形了。

你站的时候，那个东西在；你走的时候，那个东西还在，这个东西就是无形了。如果不明白这些道理，你就站死了，身体站僵硬了，会这里疼、那里疼。不懂得无形的状态，就像下棋的人只想吃对手的子，不知道赢棋不一定要赢子，而是将对手将死。所以，无形而制敌，比有形而伤敌高得多，这才是中道。

立禅站桩立什么，推手推什么？推中。打人用的是什么？是中，中就是神意气。没有形，形就是神意气里的一部分。形不障神，聚则成形，散则成气。不是说我气在身体这儿、意在身体这儿、神在身体这儿，不是这样。它没有在，也没有不在，也在也不在。它是一种状态，有了这种状态，身体的智慧就能出来了。身体的智慧就是神意气的智慧。

推手不能给对方信息，这是最基本的，这就是搭手的开始。接手能解决了，就在接手的阶段解决；接手解决不了，还得依赖推手。第一步接手，必须用功夫，尽量把这个在这里解决。能解决更好，解决不了，再推手，再尽量在推手阶段解决。推手还解决不了怎么办？就别办了呗，推手解决不了就解决不了了。所以，要尽量在第一道关就把对方拿下，实在拿不下，再推。动手打，已经很盲目、很低下、很俗了，高手过招，哪有两个人真正打起来的？

在听别人信息的时候，全身要配合着听。即使听到信息了，全身没有生机，也不能作用，还得调整出来，所以仅仅听到也没有用。而且，如果对方听到了你的信息，你还得重新准备，这就落到二上了。从原理上讲，接手若能解决问题，就不要延到后边。为什么前面解决不了？就是机没用上，心还没有静下来。心没有静下来，就让对方跑了，没让他的势完全出来，机就用不上了。所以说：静接物，动取中。

劲往脚走，意往前走，用意不用力。打人时也不用力，这么飘一下就够了；如果用力，他能顶回来。你看，我不用力，这样过去他就挡不住了。

身体不断，这个不断不仅是看着不断，是形式上的不断，还有神机不断，这是活泼泼的。守，不一定是守形，还要守神，守神就可以忘身忘情地楔入。有形的时候形不能变，无形的时候形是为了楔入而变，所以形要解放出来。有些人练拳，虽有功夫，但这样很谨慎地一动一动，就做死了，很多东西都被身体拿住了，他就是为法所制了。要解放灵性、解放活泼泼的那个东西。

这样就能认识推手的几种境界，第一种境界是转接、转换；第二种境界是静接，搭手用机；第三种境界是不推之推，机上断。

【谈批】这一段是讲如何应用守中守神而至无形的机理。在密乘，观修心气无二至究竟时，便进入日常生活了。于家常日用中，已习惯于守中守神，所以一切施为、一切动作，都看似有形，其实无形。所谓无形，就是自然，就是本然，"为法所制"便不自然。你看我们饮茶、吃饭，哪里有为法所制的？如果依着所谓 table manner（餐桌礼仪）来吃饭，那才是要命的事。英国贵族拿着一只叉吃东西，要把叉反过来，用刀将食物拨上叉背，然后才放入口，你试一试，就是失去自然的典型了，因为受餐桌礼仪所制了。

本节说到三种境界，"不推之推"才是不为法所制的无形。细心体会如何才能进入第三种境界，自然就能"静接物，动取中"。

59. 静接物，动取中

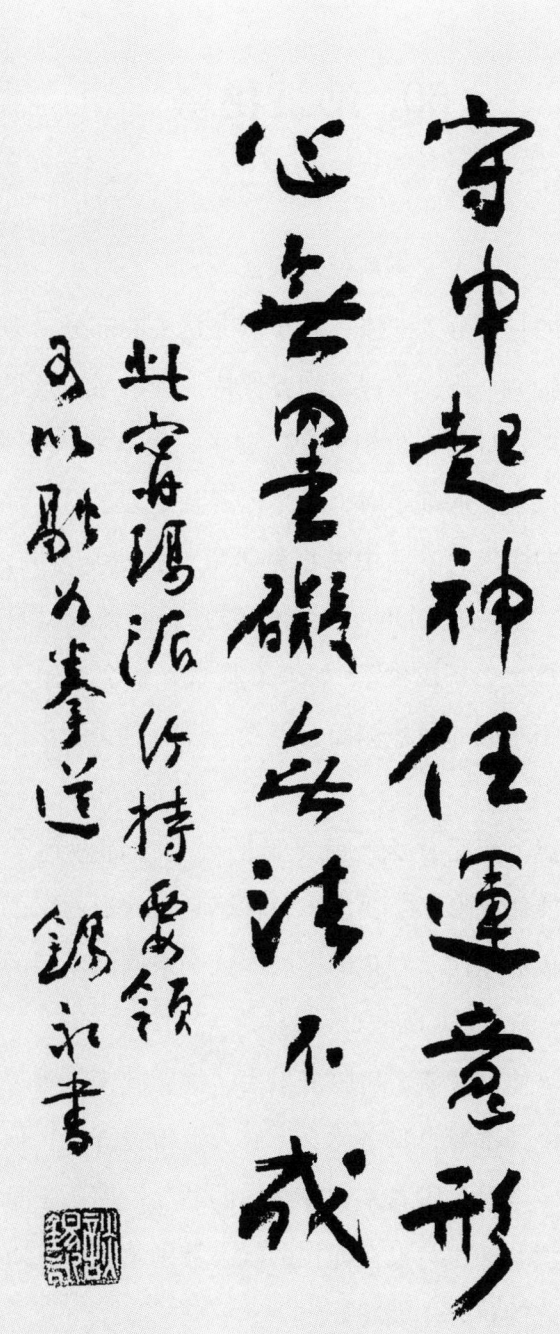

60. 站桩秘密

现在把站桩的要领给大家重新说一遍：

首先，把自己的身体分为三段：脖子以上是头的部分，为上段；由胯到躯干是中段；胯到脚为下段。三段之间要保持一种关系，就是不丢不顶。有些人把身体压在腿上，身体把负担都交给腿了，还有些人把头压在脖子上，或者用脖子把身子拉紧，这都不对，不是顶了就是丢了。

第二个要领是曲中求直。曲中求直就是虽然膝盖是弯的，胯也是弯的，脖子也有一个角度，但它们的角度不能影响上下垂直的关系。所谓垂直关系，就是"形不破体，力不出尖"。如果不垂直，就会产生一种斜拉，必然有一侧面会懈怠，相对应的另一侧面会僵硬。以上是关于形的较简洁、真切的部分说法。

第三个要领是意。意是什么？就是形的要领你都做到了，就要把它放弃。不要着相，不要住到形上。要出来一种感觉，有形的东西变成无形的感觉。要出来虚灵挺拔的东西、气化的东西，这个东西做不到的时候才需要所谓的要领。

还有人说，要身体前倾着，肩膀沉下去，神领起来，等等。这些东西每个人都不一样，每个人都要自身去体会。有人觉得挺舒服，他不知道实际上这样脚已经很紧了，他是靠脚紧来支撑身体的站立，而不是身上紧的地方越来越少，互相之间没有伸拉。没有伸拉的状态特别重要，只有这样站，自己才能慢慢气化，气化的状态才能越好。

但这个状态有了，就要放弃掉，不能执着，到时候人就产生一种清晰的状态，在这个状态上体会哪儿紧哪儿松，呼吸紧了就把呼吸放松。如果感觉到这里比别的地方紧,说明中的状态还不稳固。松的地方合适了,没有地方紧了,中的状态找着了,就生成了一种虚的状态、气化的状态。

现在我讲得仔细、确定,实际上古人不愿意说得这么确定。我之所以这么讲,是为了能让大家尽快把它学好。确定的东西,就是"不丢不顶,曲中求直,形不破体,力不出尖"(这是第一层的力不出尖)。站桩,就是让自己的身体先做到不丢不顶。一个人的时候,手和身体要么丢了,要么顶了,对敌的时候肯定出问题。无论是对空气还是对敌,都要不丢不顶,不丢不顶就能守住中。

【谈批】本节总结了站桩的要领。形是不丢不顶、曲中求直;意是有形进入无形。细心体会,鸿坤所说的不仅拳法的要领,也是生活的要领。能这样生活,才是禅宗所说的家常日用。学佛的人,其实亦可以参考本节。

过分的紧就是顶,过分的松就是丢;由于顶,所以会过分地直;由于丢,所以会过分地松。"形不破体,力不出尖"便是曲中求直的要诀,其实这亦是本然。我们倒一杯茶给客人,如果不是曲中求直,那杯茶便放得不稳,可是我们自然而然就知道怎样放下这杯茶,不需要有人教导。所以,本节所说拳理,亦无非只是自然、本然而已。

發揚國術

張之江題

61. 整体在站

站桩的时候，身上疼是什么原因呢？疼是因为不是整体在站，全身没有成为一个整体的时候，时间长了弱的地方就顶不住。应对的办法，就是在精神上拎起来，就像珠子一样用线把它串起来。拎起来后，疼的地方就会减轻。脚疼得没法站地，用精神拎起来全身，用气机把它拎起来，保持平衡状态，就能站下去了。气机不能乱，气机一乱，就会心烦意乱。站桩最后站得没有气了，说话都没气了。脖子也要放松，这很重要，我跟师父学了七八年才知道脖子一直是紧的。脖子一放松，气机就拎起来了。身体很奇妙，知道不知道没关系，先按照这个固定的程序来，最后你会感觉到。

【谈批】要将身体作为一个整体，实在是一个要诀。密乘学习金刚拳几个招式，也是必须将身体作为一个整体。例如观修射箭，一只手伸直，另一只手拉弓，头望着箭尖，假如只是着意于头手，那一定练不好，必须作为一个整体，才能将肩、胸、腰、胯、膝、踝等统一在气场之内。以此为例，我就敢肯定，大成拳的拳理与密乘许多修炼原理相通。

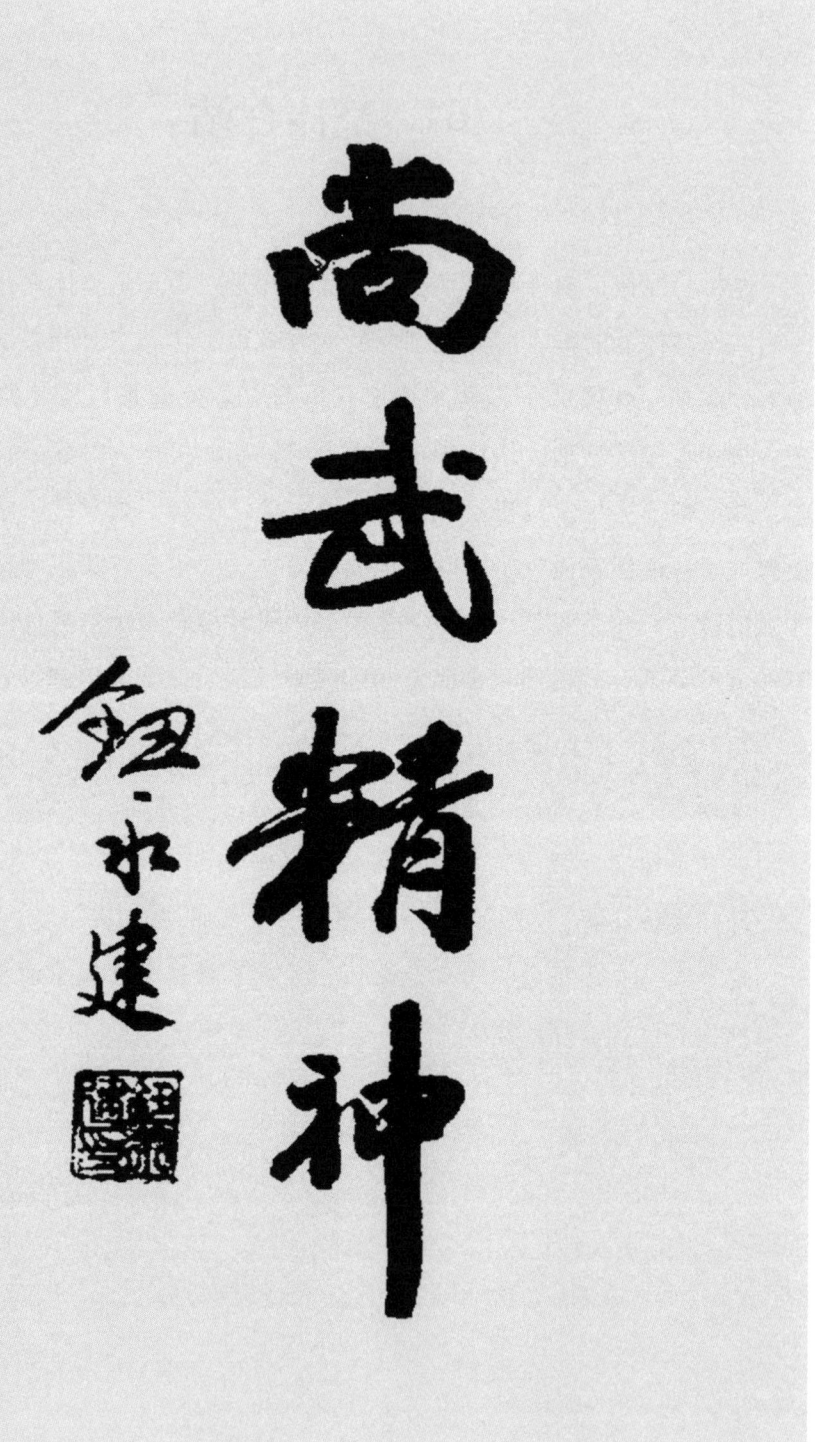

62. 不存力，意在人身后

发力就像马串皮，身上不落东西。站桩被蚊子叮了，就是听劲不好，觉察力不够，你功夫到了，它就落不到你身上。

听劲也一样，你得把自己弄利落，身上不存对方的力，也不存自己的力。让对方不存在，你意在对方背后，你的手通过，不存力这个动作，合对方背后的意，过对方身体的中。那个意是对方的中，所以你的手过去是合对方的意、用对方的中。

用意定位，光把自己弄利落没有合上对方的意，也解决不了问题；虽然是自己畅快了，但没有结果。让对方的力量落不到自己身上的同时，还要去用他的力。不是化，是用。用的方法有很多，有来的方法，有去的方法；有上的方法，有下的方法；有左的方法，有右的方法，实际上就是没有定向的方法。因为对方的来势，你无法预知往哪边走。你要用对方的势，他的势往左边走，虽然拳头在右边，你就得用左势，不是自己想怎么样就怎么样，自己一有想法，就成对抗了。没有想法，就不会总想着怎样对自己有利，不落于利害的计较就是不对抗。所以，首要条件就是没有自己，把自己练虚。现在站桩就是把自己虚化，再站桩再有功夫的时候就能把对方虚化。先把自己虚化再把对方虚化，才能超越对方的身体，找到他后方的点。

意过对方的中，落在他背后。落在什么位置呢？想打得重一些，就设远一些；想打得轻一些，就设近一些，就是自己设定，近了就轻，远了就重。对方是不存在的，不能把对方当成目标，打上打不上他都不存在。但是你意对了，身手的关系还不能变，形不破体，力不出尖，间架不能散。不能打不上，自己却失衡了。身手、身手，身和手变了，脚和地就变了；身和手不变,脚和地就不变。

我和师父在海南的时候,散步聊拳。师父往后退,后面有个电线杆,他说你当我不存在,看一拳能不能打过来。我说我懂了,他说光懂了还不行,你得实践一下。上去一拳,他真挡不住,当他不存在,用手合电线杆那个点,意在他后边呢,就蹿过去了。师父是真教,他让徒弟打,老人家还有心脏病,就是你必须真会,你光说他不相信你会。

【谈批】意在敌人身后,即是将气场笼罩对手,笼罩到他身后的远处。这拳理很微妙,令我想到密乘的一个修法。观修的人,由心发气,成为一串梵文吽字,将眼前所见的对象包围,然后将对象融化在整团吽字的光里。这便有点像意在敌人身后,说在身后,其实是将他包围。

说到王选杰先生要弟子真打自己,着实令人感动;由此也可见,师父培养一个传人,必须如蜡烛般燃烧自己。

62. 不存力，意在人身后

練劍之要，身如進艇切忌停滯，習之日久身與劍合，劍與神合於無劍處處皆劍，能知此義剑道邁進矣

古廣川李景林題

63. 再谈站桩

有人站桩，腿感觉插到腰里了，这从传统内家拳来说是对的，但从大成拳来说是不对的。大成拳站桩站出这样的感觉，是你腰没拎起来。还有人腰弓着，往下一弓就觉得松了，直着就紧了。但弓着不是自然状态，自然状态是挺拔舒适的。你弓着，肩膀就扣着，就把胸给含住了，这样气就扁了，浩然之气就没有了。而浩然之气必须出来，要拿浩然之气夺对方的中，这是大成拳要用的东西。

站桩站出孟子所讲的浩然之气，最确切的就是两个肩。肩一定要打开，只有肩打开了，中气才能出来。还有很多人，不是胸这里气弱，就是胯这里气弱，这等于中气没有贯通，这是腰不会松导致的。大家不知道这是入门的一个方便，很多人对这个究竟过深的时候，就会出现新的理论，譬如他把肚子放在胯上，认为胯应该兜住丹田，这样来练一身的松沉劲、陀螺劲。可是，功虽然练出来了，却不是轻灵、冷脆、挺拔的劲。没有这种劲，就是下乘功夫。

腰松只是一个方便，松了以后怎么办？松不是将肌肉堆成一块，要慢慢地让它回去；只有在回的时候，腰才能拎起来，腿就不会顶着腰。

这个时候眼睛往上十几度二十度，可以练势，气势；往下稍微含一下，可以练灵。乐着含，不乐的话就把格局练小了，老这样，不知道乐，人就容易好勇斗狠。

有了这个之后，然后重心再往后移，尽量令小腿变直，不能跪腿。只要一跪腿，气就上不来，就是下乘拳法——这很易误人，这是人体的奥妙——然后松背、松腰、松肩、松胯。松胯不是坐，可以有坐的感觉，但腰是拎着的、胸是空的、肩是开的。民国时期一些老武术家练拳，手在前面，胸口含着，你看照片，眼睛全是陷进去的，中气出不来。他们是因为太注重拳理，被拳理困住了。浩然之气是大成拳的第一步功夫，浩然之气出来以后，就要把这放弃，因为还有下一步功夫。说得更明确些，从境界上讲，第一步是儒家浩然之气的境界，第二步是道家无为清虚的境界，第三步是佛家真空妙有的境界。

说是三步功夫，但并不是分成三截。第二步包含第一步，包含之后，再用第三步来包含这个包含，所以可以说第一步是第二步的根本，第二步包含第一步是第三步的根本。

【谈批】本节拳论又说出一个秘密。以前只是说三个要领、三个境界，现在终于说出"第二步包含第一步"，"再用第三步来包含这个包含"，这也跟密乘的修法一致。在这里很难举出实例，读者明白这个意趣就够了。

64. 周身不着力

　　我这两天看了一本书，朋友推荐的，是说王老先生抗战期间在上海的一些故事。写书的是个文人，与当时上海一些名人有来往，里面很多内容说王老先生不好，说他功夫天下无敌，但脾气太大，生活作风差劲，目中无人；常说天下功夫谁都不行，他自己的拳从古到今没一个人会，他这个拳不是学来的，是自己悟出来的，等等。

　　当时有一帮官宦子弟，合伙请了一个白俄的大力士、拳击冠军，去找王老先生，把他堵在屋里，说打得过俄罗斯人就拜他为师，打不过就揍他一顿。那时候王老先生已经成了。他说，我就只用两个手指头，于是他用两个手指一拨拉，那个人就坐下了。其实不是两个指头，两个指头只是表面，借这两个指头来用他的功夫，功夫一用出来，就很容易控制那个白俄大力士。这帮人一看傻眼了，就赶紧磕头。

　　还有一个故事是说，有一个清朝遗老的孩子是当官的，向王芗斋学拳，王芗斋只教了他三句口诀：头若丝悬，脚若踏空，周身无一处着力。这三句口诀，是上世纪 30 年代王老先生在上海传出来的。

　　这个口诀很有味道，就是脚不能踏实，上面不着力，身上不用力，底下也不着力，周身都不着力。因为不着力，所以两个指头就够了。

　　【谈批】 我也想起一个故事。有一个修禅的人，他在说法时说，自己两个指头可以将人推倒，听的人不信，就走过去让他推。他说，这不能算推，因为你没有用力来推我。于是，这个人就貌似用力地来推他的肩膀。他说，你根本没有用力，只是做出推的样子，用力吧。于是，这个人就用起大力来推他，禅家竖起食指和中

64. 周身不着力

王子晋吹笙
任脉通百病消除以身端
坐两手挪拿胃俛二兄如
此九次运气九口

指,轻轻一拨,推者果然失足倒地。

这个故事可以解释所谓"周身不着力"是怎么一回事。无论什么事,"空白"是最重要的。所以,刻印章要"计白当朱",写国画要空白成画,写字亦要"密不容风,疏可走马"。所以,"周身不着力"其实可以说为一个生活的境界。

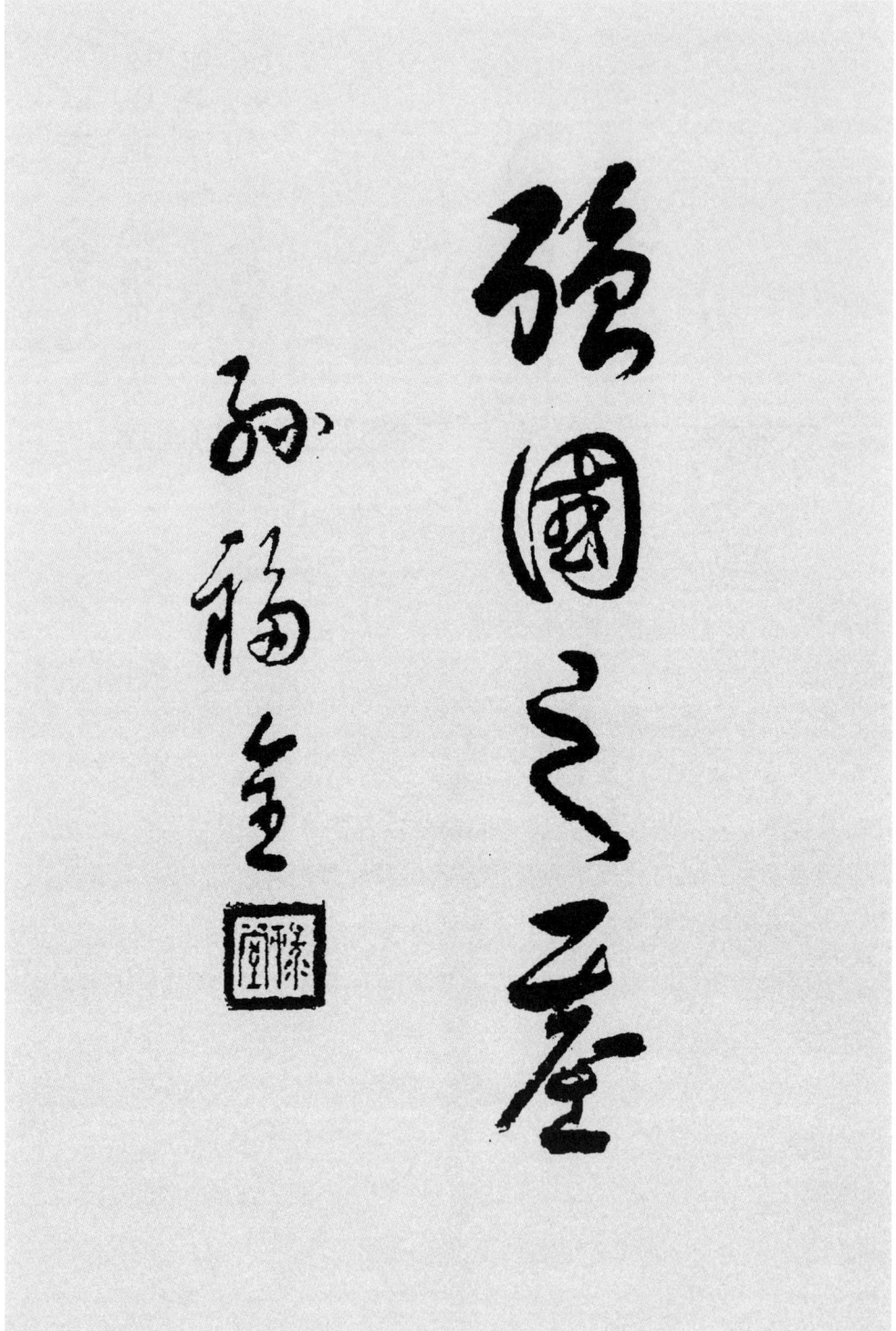

65. 怎样才叫懂

站桩、摩擦步都要练，这两个一静一动，皆是全身之法。

大成拳要点不在动作。拿上面的故事来说，王芗斋老先生用两个指头就能让大力士坐下来，没用拳、没用腿来打，只是随性而动，就不能说是动作。可以说，整个大成拳就是一个原理。站桩、摩擦步都是一样的。一开始觉得懂了，后来发现不对，这说明进步了，应该高兴才对；学两天就懂了，没有这种事，不可能。知道自己没懂的时候马上要高兴，要是马上沮丧了，就是双重了，不能双重。

要怎样才算是懂呢？要深刻理解大成拳的原理，还能随意应用这个原理。一站桩，便已是站进这个原理里面；一推手，便已是推进这个原理里面。这样才能叫懂。

【谈批】 这跟学密乘的观修无异，起初以为懂了，倘如就此止步，那么整世人便只能到这境界；如果继续修炼，却又有许多问题。千万不能希望立即解决这些问题，应该循序渐进，继续观修，这样便又懂了许多。观修的人千万不要满足已懂的东西，必须继续修，如是便由懂知道不懂。

大成拳的原理非常深刻，我认为可以与佛家的如来藏究竟见地相通。我在这里写批文时，其实还有许多方便，未能谈到究竟。我希望学习拳法的人，能够参考我的著作及翻译的如来藏经论，就可以彻底了解如来藏思想，悟出许多拳理。这个过程，亦是不断地懂、不懂；懂、不懂的过程。

立禅即意：大成拳学讲习录

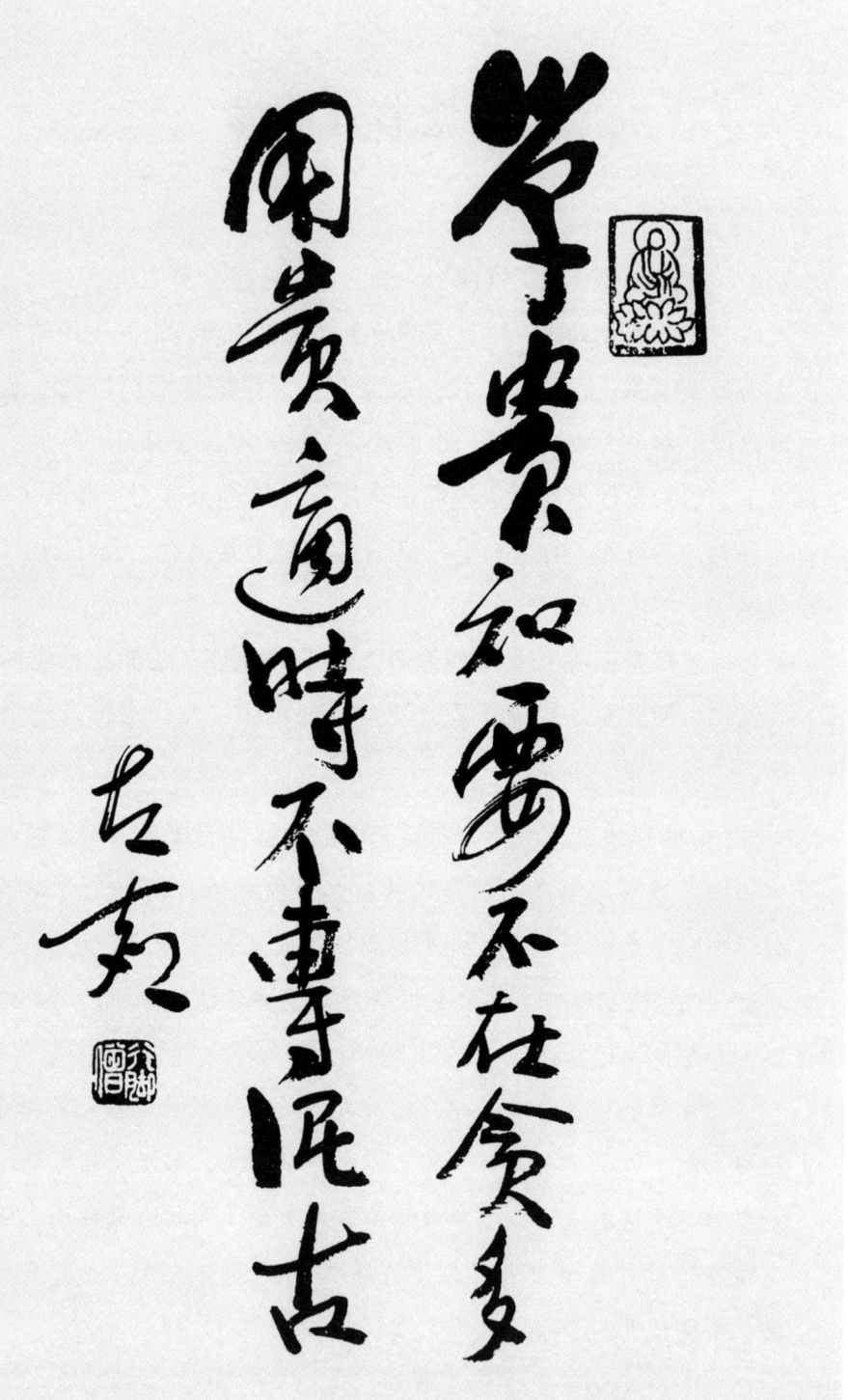

66. 真的站松

站桩对糖尿病、高血压、脑血栓之类的病症有一定疗效。你看，来自海南的莫医生已经站得肝区疼，只有时间再长些，才能站得五脏疼痛；两个小时只能站到关节筋骨皮肉这个部分，站四五个小时，才能往里走。五脏经脉，站站就站通了、站透了。有些地方需要压力得够，像水泵一样，得不停地泵，所以我们要不停地站。（有人问：累得不行的时候，休息五分钟可以吗？）当然没问题，就是不能懈怠，心理不懈怠。站桩要真的站松，真的松不容易，所以要费功夫。

【谈批】这里说站桩要站松不容易，首先要站到五脏调和，然后才能站通，能通，便才是松。这跟密乘修气亦有相同之处。修心气要修到有整个人融入虚空的感觉，也要修许久，才能有融入的感觉，这时便不会再意识到有自己的身体。在这观修的过程中，亦会由气松修至气紧，有时会觉得胸口有点痛，或者小腹有点痛；倘如觉得痛便不修，觉得气紧便不修，那就前功尽废。说到这里，我又觉得，学习宁玛派密法的人，或者也要学点大成立禅。

自衛衛國

澄甫楊兆清題

67. 什么是起点？

聚则成形，就能起作用。精神突然一出来，非常快，打闪认针——打个闪电穿针引线就完成了，很快。咱们有时候说穿透力，过力，接触点就是起点；当你一个圆弧或者一个直线不能撤回来，就再做起点。

说说我们的起点。大多数拳术都要收回来再做起点，而我们不是。因为没有自己，没有对方，所以就没有收回来的问题，任何接触点都是起点。这个不易，许多练过拳的人都觉得不易，因为他们一定有自己的想法，有想法就不能随便将一个接触点当成起点。他们的接触点不空，所以间架结构出不来，一定要回过来，然后才能有间架结构，所以拳不回来就打不出去。大成拳没有打不出去的问题。

过去学拳，老师父不讲这么细，他也不轻易比划，你也看不见他比划，所以就很难学。过去一比划就是师父打徒弟，拿徒弟说事，是那种打，但王老师很少打徒弟。练接触点就是起点，要从比划开始练，所以你们不妨找师兄弟陪练。

【谈批】任何接触点都是起点，不是把拳收回来才是起点，这其实便是我们屡屡提到的任运。任运就是适应，有所适应而任意运作，所以并没有一个固定的起点。倘如认为我由这一点发拳，要将拳收回这一点，然后才能重新出发，这里便有两点错误：第一是不能适应，既然有固定的位置作为出发点，那怎能还说是适应呢？第二是不能任意运作，回到一个出发点再出发，是受到局限的运作，绝非任意。

68. 练《金刚经》

立禅，要精神统领骨肉，而骨肉不能成为神气的障碍，必须把它站通透了，存在和没有存在一样，就可以了。

当你站住了，能站通达了，这时候说心法，你就容易马上醒悟。在此基础上还得守住方法，守的方法须是似守非守，不能死守或真守，这是惯性，这是第一步功夫。就得这么过渡。古人含蓄，不这样讲，就让你身上站松整了，但你空不了，跟对方接不上。松整还是对抗，只不过比别人好一点。只有空了，才是不对抗，才能无所住。大成拳不是念《金刚经》，是练《金刚经》，是用身心来体认，是练"应无所住而生其心"，怎么练？通过修禅修密来练。

【谈批】《金刚经》说"应无所住而生其心"，所以要"似守非守"；真的守了，便是心有所住，住在守这个概念里面。说要身上站松，也不能落在松的概念里面，否则依然空不了。甚至可以说，要跟对方接上，要跟对方不对抗，也不能有接上或不对抗的概念，这才是心无所住。

《金刚经》是般若部经典，说"如如不动"，要诀是任何意念都不落名言概念、不落分别、不落思维，如是即可谓"应无所住而生其心"。

68. 练《金刚经》

斜削刀势

如托刀懷中以右肩向敵。
彼劈右肩用刀斜削開鎗。
則刀偏於右旁彼起鎗刺
而復左亭將刀送開鎗順
砍一刀。

注曰將刀斜削。不拘向左向右皆可
運用勢如拖刀拖鎗根之投身明
保退步緊閃一經轉身進步聽
便砍殺。

69. 门规不仅是门规

大成拳的文化传承得益于王芗斋老先生良多，他有两个门规：

第一，师徒之间若有矛盾，师父一定没有错，全是徒弟的错，这是绝对的；

第二，不能背后说别人坏话，背后不论人是非；要说别人不对，一定要当面说。

王选杰老师一再对我强调这两个门规，他不能让别人背后说是非。为什么这么重要呢？其实也跟练拳有点关系。练大成拳必须坦然无碍，若心不坦然，就易处于弱势，不能拿着弱势的心识来生起中神。

如果说徒弟对，老师错，那就是不承认法脉，徒弟的心理更加处于弱势、更加不能坦然。一方面对老师不满意，一方面又要跟他学拳，你说这个心怎能坦然得了？

所以，王芗斋老先生的这两个门规，真正的目的其实不是立规矩，而是让弟子们能做到心胸宽广、坦然自在地生活，这样才能练大成拳。王选杰老师一再对我强调门规，实在令我终身受益，是对我最大的施恩。所以，你看门规也应该不仅是门规。

【谈批】王芗斋老先生传下来的门规让我想起一个故事：老朋友梅逸是叶问的亲传弟子，他在纽约开馆授徒，弟子甚多，黄黑白人都有。我问他是不是黄人弟子表现最好，他说不是，是黑人。黑人普遍不会挑剔老师，也从来没想过要跟老师比力。反而是黄种人情况复杂，譬如一个黄人弟子，学了四五年，对所有的同门都不理睬，愈学愈不理睬，后来甚至对老师都不理睬。有一天到武馆后，

69. 门规不仅是门规

一言不发,脱了上衣便去打木人桩,"砰砰""碰碰",打得很快很用力。打完之后,斜眼瞟一瞟老师,穿上衣服就要走。梅逸就对他说:你自己的功夫已经打得很好,以后不必来跟我学了;你以后跟人对拳,也不要说自己是咏春功夫。

这个故事,反映的也不是门规的问题。因为那黄人弟子已经陷入狂妄的境界,充满了狂妄之气,他的拳亦是狂妄之拳,自以为很有劲、打得快,所以了不起。梅逸说,如果他跟人对拳,只要一击不中、再击不中,就会输得很惨。

这个故事可以作为"门规不仅是门规"的脚注。

70. 乐空即我

要乐空。站桩的时候要乐，乐在当下，就是没有目的。现在的人目的性太强了，你乐在当下虽是人生的真意，甚至已经显出来了，别人也看不清楚，因为多数人生活在颠倒梦想之中，你突然一安乐，别人就不适应。没有目的，就没有自我的墙。空也不是为了自我，是把自己融入虚空，不是说我空了就会更厉害。

空和乐要融合为一，所以是"乐空"。如果说实了，显现出来的形，可以说是"乐空"的"乐"，中神可以说是"乐空"的"空"。所以，中神不是自我，形式更不是自我；由中神发而为形，也不能把它当成自我，因为中神已经跟法界融合了，必须能跟法界融合才能说是中神。因此，中神发而为形就不是一个小小的自我，而是周遍法界的一个大我。怎样达到这个境界呢？大成拳说是立禅，密乘说是悟入如来藏，所以不立禅入密，就不可能进入大我的境界。

李白有"十步杀一人，千里不留行"的诗句，他的大我就是不留行的千里。没有进入如来藏的大我，只是千里不留行的大我，比起如来藏的大我就小得多。

乐空的境界，假如能进入如来藏的境界，立禅的境界就更强大、更广大。

【谈批】 密乘说的乐空，是证入如来藏的境界，现在很简单地说一说如来藏。

成佛的菩萨证入一个智境，这个境界就叫作如来法身，所证的智称为根本智。证入根本智时，必然同时起一个后得智，这是认识

右撩刀勢
大意同上此二勢
倭之絕技也

世间实相的智。

这根本智有很多名称，有如来法身、法界、法智等。这些名称都是外加的，其实这个智不落任何名言概念。至于后得智，则是认识到世间一切法如幻，有如镜中影、水中月，我为了方便，比喻为电视荧光屏上的影像。

根本智与后得智恒时双运。什么是双运呢？例如手掌与手背便恒时双运，如是而成为一只手。根本智与后得智恒时双运所成的境界，便叫作如来藏。如果说根本智是如来法身，那么后得智所证的如幻境界，便是随缘自显现的一切世间、一切法。这时可以将如来法身比喻为荧光屏，将一切世间、一切法比喻为荧光屏上的影像，它们自然也是恒时双运。

释迦将如来法身的性说为空性，在如来法身上显现的一切世间、一切法，是以什么为性呢，自然应该也是空性。有如镜影，以镜为性；水中月影，以水为性。所以，依附着如来法身来显现的一切世间、一切法，自然便以如来法身的本性为自性。当我们将这本性说之为空性时，那么一切世间、一切法自然亦就是空性。不过，世间与法还可以说之为乐，因为它们能够任运圆成而成显现，譬如说我们能显现成一个人，那么就可以说我们有乐，能圆成、能显就是乐。

所以根本智与后得智双运的境界，亦即如来法身与法身上显现圆成的境界，比喻为荧光屏影像与荧光屏双运的境界，就可以说为"乐空双运"了，或简称之为"乐空"。

要理解如来藏，首先要理解双运，然后要悟入如来法身与法身上的显现双运。

说到大成拳理，中神有如荧光屏、镜、水，由中神发出的形，便有如荧光屏上的影像、镜中的镜影、水中的月影。因此，便可以

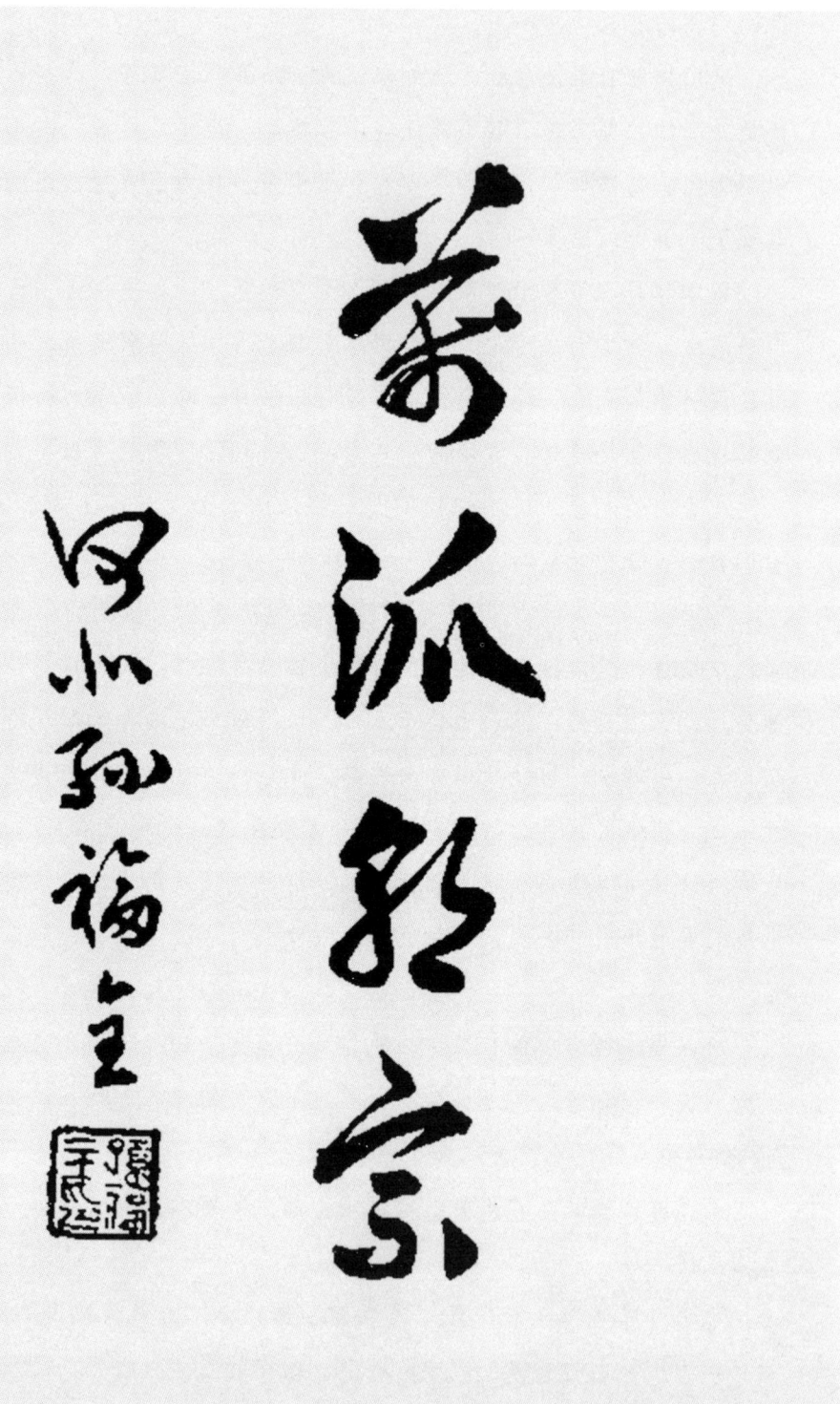

70. 乐空即我

王选杰先生

说中神是乐空的空,显现出来的形便是乐空的乐。说拳手空了,即是说他进入中神的状态,有如菩萨证入如来藏而成佛的状态。当发而为形时,亦即能任运而成显现时,便有如如来法身上任运圆成显现一切世间、一切法。

这段拳理意蕴深邃,非了解如来藏思想不能理解。读到此处宜加三思,一旦通悟,对拳法进步应有不小助益。

---

*前页孙禄堂先生手迹释文:万脉朝宗。第二字字形即"派",古时多与"脈"字通用,"脈"即今"脉"字。先生名福全,字禄堂,晚号涵斋。

71. 去除惯性就能忍

孙禄堂先生说过，你要修炼，三年内不可一日无师。

为什么呢？因为一离开师父，在进境的过程中，惯性就出来了。惯性不断出来，便步步都是陷阱，一陷进去，惯性便出来得更多更强烈。这时候，惯性的延续就成为自我。一旦成为自我，你就不会觉察到这些惯性是惯性，反而会认为就应该这样想。例如，你会觉得一定要用招式来打人，你还会觉得我手上怎么能没有意？这样一来，便完全离开师父之所教了。依你自己的想法容易做，依师父的教法很难做，于是你就有了自己、有了舍难取易的惯性。

王老师对我的人生影响太大了。原来我不懂的时候会跟他较劲，我们俩一较劲就几个星期不说话，最长的时候一个月不说话，两个人在一个屋里住，不说话，就这样较劲。唯一说的话，就是他拉开保险柜时说，里面没钱了啊。

为什么会较劲呢？因为他说的是真的，我听不懂，觉得他是胡说，因此就对抗。而老师认定了我非学不可，因为他强烈希望把我培养出一个样子，才会用这种老是说真话的方式。我那时还未能认识到真，便觉得他是胡说了。恰如王芗斋老先生说真话，"技术不是本，是末"，不明白的人就会觉得他也是胡说——我明明是来学拳的，怎能将拳法当成末技？

我在跟王老师学拳之前有几个时期，每个时期都有一时之秀的师兄。我就说，这些人用了多少年功夫，我啥时候才能赶上他们。王老师看我一眼说，"用多少年？你想学不想学了"？我就认为他是糊弄人，因为我认为功夫长得慢。后来我才知道，有些人其实落于惯性功夫熟练，所以王先生才认为不难超越。他对我说的是真话。

有一次王老师的一个学生与人切磋，他不依王老师的方法就想把人打倒。王老师说"行了行了"，但他还觉得不够，非要抱住对方，为什么要抱住？因为他想把人的肋骨抱断。王老师说，"不要用力，你把他控制住就可以了"，当时他听不进去。后来王老师就给我讲这个故事，当时我也不懂。他的意思其实是将人我融为一起就够了。

还有一次大家在一起吃饭，饭后打包。王老师让我拿我不拿，王老师面子下不来就自己拿着，走在路上递给我，说"你拿着"，我就放到马路上。他也不生气，回到家我们俩就不说话了，就因为这个事情。

所以，我现在很明白对抗有很大的惯性。一定不能对抗，一对抗就不是了。但是一般人很难做到，你心变不过来之前做不到。我现在也在不停地学习，不停地进步。我现在能容忍过去容忍不了的一些事情，而且不是忍；过去是硬忍，现在是没当成是忍的忍。

【谈批】这是鸿坤向王选杰老师真诚的致歉。王老师当时教的是大我，鸿坤当时执着的是小我，这有如：王老师当时是连同荧光屏来见荧光屏的影像，连同水来见水中月，连同镜来见镜影；鸿坤当时便只是见到荧光屏的影像，只见到水中的月影，只见到镜中的镜影，所以说是惯性。现在他懂得打破小我了，因此追述了这一段往事。

立禅即意：大成拳学讲习录

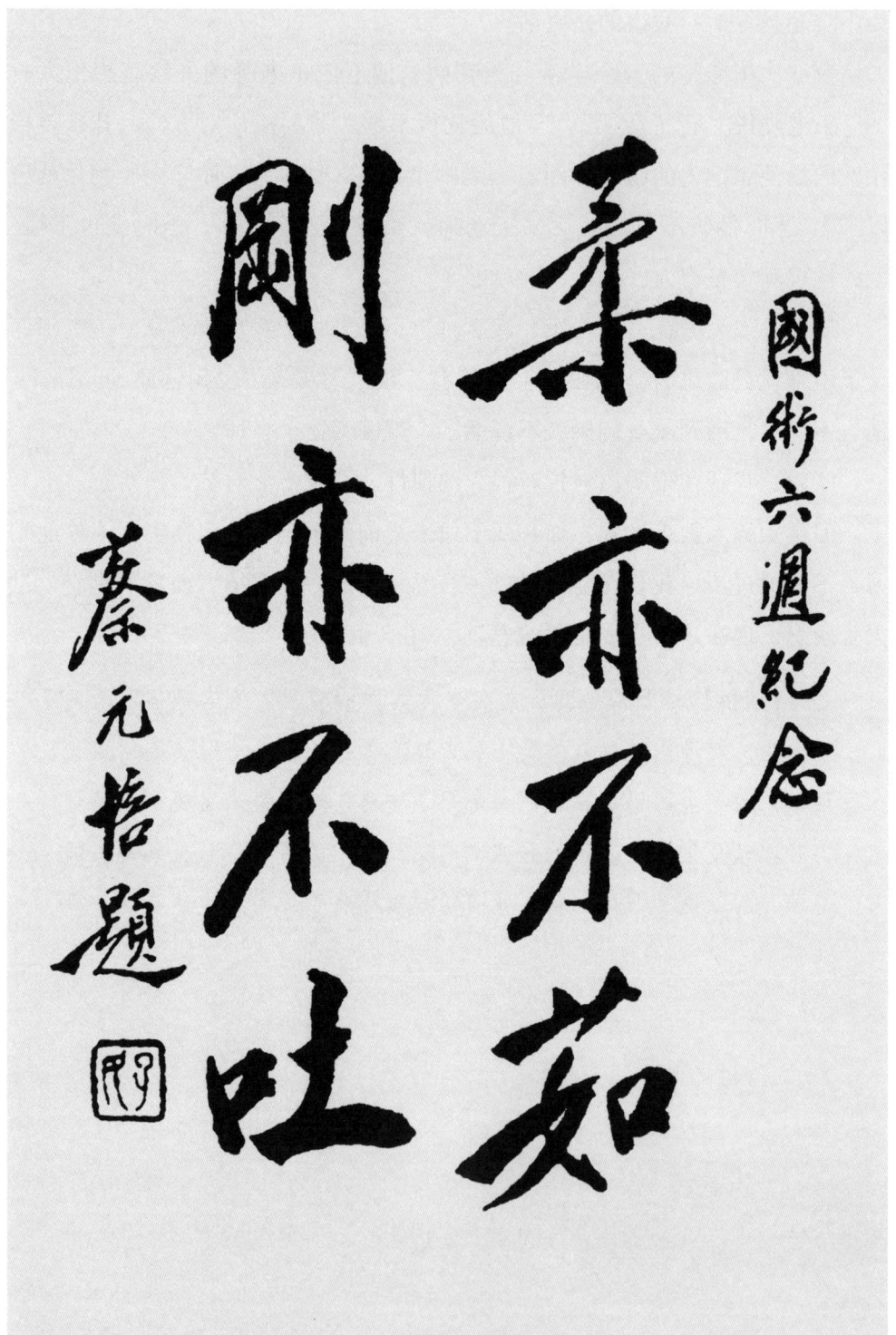

72. 学拳不可断章取义

王芗斋老先生说，"但求神意真，何须形骸似"，就是你这个神意是对的，无形的意体是对的，有形的身体就无所谓，他的意思很清楚。但他后来又说，"形都不似，何谈意乎"。形，你可以不注意，但是它有个原则，"形不破体，力不出尖"，这个原则你不能破。你不能对形不管不顾，仅仅用意。

有一个人，站桩时身体缩着。我说你领起来，他说我领着呢；我说你没领着，他说我意领着呢；领着什么呢？都快成缩脖子鸡了，你得有挺拔的感觉。形也很重要，重要在间架结构上要配备妥当，之后就没间架结构什么事了，就是意的事情了。

王芗斋老先生的《拳论》，神气不归一的人看不懂，因为他不知道怎么看。先生的话你若真看懂了，便是一身汗，因为每句话都可以令你顿悟。

最可怕的是，有的人对王老先生的《拳论》一知半解，断章取义，不管前不管后，就凭一句话练。这是万万不行的，因为它是一个完整的大系统，包含的意义很细微。譬如有些话乍看是前后矛盾的，需要你领会矛盾的交汇点；若不领会，拿着任意一句话来说都可能错。例如，前面引用的王老先生的两句话，一句是"但求神意真，何须形骸似"，另一句是"形都不似，何谈意乎"，看起来是矛盾的；如果知道他说的是，求形先需求立中神，同时，求中神亦不能破形，那就找到交汇点了，就不会觉得真是矛盾。

所以，学拳不可断章取义，不能只拿着一句话来练。如果拿着前一句，那就是我们前面说过的金庸所谓气宗；如果拿着后一句，那就会成为金庸所谓剑宗，这两宗都不能练出一个令狐冲。

【谈批】学佛的人也常常会犯错，执着自己宗派的见地，而不是全面理解佛说的密意，便有了许多宗派争论。印度应成派是中观宗的顶峰，他不立任何宗见，当别人立宗见时，他便因应其宗见来破，对一切宗见都不许可，谓之"应敌成破"，必须这样才不会断章取义。

鸿坤关于《拳论》难懂之论，分析颇中要害，由此可见他真的理解了大成拳法。所谓"神气归一"，即是"心气无二"，也就是如来藏，心神有如镜，气有如镜影，二者双运即为"归一"。这样我们便知道"双运"的重要、由双运而知乐空双运更重要。必须时时悟入乐空才不会断章取义，因为在读《拳论》时，心神其实已在站桩、推手了。

73. 练拳的故事

太极拳讲阴阳相济。无形的神气是阳，有形的身体是阴，阴阳相济是目标。神气没出来前，只是拿着身体这一半在那儿分析，根本不知道阴是啥东西。真正的用就是拿阳与对方合，而且这是自动的合。这时候，我没有定位对方是阴或是阳，只是感知。感知还得落到实处，落到实处就得伸手。

杨露禅的太极拳很厉害，可是好像有点断层。杨露禅不在了，杨少侯、杨澄浦也很不错。

王芗斋老先生对董海川先生评价很高。董海川很神奇，流传有一张画像，他坐在椅子上，全身都是灵机，全身都在那种状态。他还有个雕像，但不是他的状态，那是绘像者所感知的董海川的身心状态。比较起来画像更好些，身上充满能量。

尚云祥先生的功夫是郭云深先生传授的。从河北到北京，教一段时间就回去了，过段时间再来，教完再回去，这样他才练成。李存义先生是尚云祥的师父，可是他教尚云祥的东西不多，教的是师公郭云深。有一个

董海川先生

阶段，尚云祥练拳的时候总是把鞋脱下来，放在旁边，练完以后再穿上，因为他太用功了，新鞋练几天就坏了，只能光脚练，人送外号"铁脚佛"。

王芗斋老先生回忆起他跟尚云祥相处的往事过说，尚云祥常常坐在椅子上跟他聊天，聊着聊着，就随手拍他一下，意思是很赞赏他。王老先生当时也不吭气，只会乐一下。其实经尚云祥这么一拍，他半拉身子都麻了。当时尚云祥是说，你怎么悟到的呢？你用的是什么方法？这样聊着天，所以他是很随意的拍。只是知道尚云祥拍王芗斋的人都很少明白到这一点，在这里根本没有强弱胜负的分别。尚云祥乐了，拍得王芗斋也乐了，两个人是心神交通。你也可以这么认识，心神交通便是练拳。

【谈批】这里谈到一些拳学的传承，每位名家都有自己的特点。

特别是说到尚云祥一拍王芗斋，这个故事真的可以说是禅门心法。

我们练空，有人练有。练有能练得很强壮，他们练得要比杆子强，能把杆子抖得跟面条一样，也能用，也很厉害。练空是习武者的终极方向，练空，任何人都有机会。

王选杰老师晚年犯病的时候，我在他跟前，在屋里照顾他。天冷了，他躺着睡觉，我怕他冷，就给他盖被子。我刚要盖，他一把抓住我的手说，跟你说过好几次了，我睡着了别碰我。就不能碰，我是怕他着凉了，这样都不行。因为他睡着了，你碰他，他会有本能的反应。

我跟好多人都说过，我仅知道王选杰先生有民国时期老武术家的那种功夫，现在的人很少有了。

【谈批】这段故事是说，一位高明的拳手必有本然的反应，所以王选杰先生睡着后不能去碰他，否则可能挨打。睡着了都会打人，即是本然，这本然即出于任运圆成，有所因应而随缘显现，便成为本然反应的拳法。

看这段故事之后，接着看下一段，看你能不能有所理解。

73. 练拳的故事

过去有的老武术家，练拳练了好久，打不过有些没练过拳的。有些人天生身体协调，心性离打斗很近，精神有力量，也没有什么惧怕，虽然没练过拳，但老武术家也打不过他们——除非他练懂了，没练懂之前真是打不过。

有人问李二爷李永宗先生，大成拳如果碰见别人乱打怎么办？李二爷哈哈一乐，回答说，乱打这么厉害，咱们也乱打。李二爷断手水平很高。有一次王老先生接待访客，一个人要跟他切磋，那个人不懂打，他把那个人打惊醒了。他当时看人家笨拙，就戏弄人家，拍一下，然后再躲开。那个人一看，你这样伤不着我，其实能伤了他，李二爷就玩嘛。结果人家一拉架子，气往下一沉，就猛冲猛打。他后退不及，站不住了，一条腿虚了，虚腿往后一仰，就在要倒地的一刹那，将那人打倒了。事后他跟人说他这打倒人的一招是金鸡独立，其实是他站不住了。他后来总结说，人只要有精神就没问题，没精神的很好打，有精神就很难打，特别是一疯就更难打了。所以，我们要练得身上通透，就是身上没有东西，只有精神，因为无所挂碍。除了精神还有能量、还有技术，这样就近乎不败了。因为你身上是通透的，骨肉是有智慧的、听话的。

【谈批】李二爷的第一个故事是说，对乱打的人，你也可以乱打，这就是凭感知而任运；第二个故事说，李二爷对乱打的人乱打，谁知那乱打的人神气足，居然差一点将李二爷打倒，只是李二爷立时反应，在要倒地的一刹那将那人打倒，后来说这一招叫"金鸡独立"。这故事是说，跟乱打的人乱打，也不能掉以轻心，必须守中守神来感知。当时李二爷想戏弄人，自然中神失守，所以才会给乱打乱撞的人几乎打倒，由是即知因应任运亦不能成为戏弄。

具备了打的能力，打的动作就简单了。不具备打的能力就去打会很费劲，他要拿打来培养打。要具备打的能力需要拿不打来培养，会省很多事。现在的训练，是在人还不具备打的能力时，就开始训练打，这显得很残酷。一般人能打，是因为打的次数多，但那是一种惯性。如果你自身的浩然之气

鷂子撲鵪鶉鎗勢

如你三四平我擎開你鎗運步劄你。擎開我鎗運步劄我三劄步跐出隨即擎開你鎗。注曰鷂子撲鵪鶉救護是也。

注曰此救圓外敗鎗之法。如敵攔削我鎗我失前手不及持鎗敗在右邊。誰有剪步跳出門開隨落腳回身進左步用此法還劄救護便可反敗為勝努力既順手足旋轉及前手接鎗甚捷。

73. 练拳的故事

能出来，别说浩然之气后面的那两部分，就是浩然之气出来，他那种惯打都用不上了。他是习惯动作，你就用神意接他一下，这样，他所有的格局都破了，就已经败了。他不光是心里乱了，技术也败了。因为他的打是惯性，他没遇见过这种情况；遇到这种情况，他后面的技术都没有了。所以，你就等于把对方的机弄没了，这样你就有机了。你能接他一下就有了自己的节奏，你可以按照自己的节奏去打，给他机会让他格挡，他一挡格就跟你接上了，两个人就贯通了，这样你才打得上。或者他不格挡，你还不知道怎么办，你没打过人，打在人身上还下不去手。所以打人好培养，打人之前的修炼比较难。王老师常说，要打还不容易吗？到时候还用打？说的就是这个情况。

"内清虚，外脱化，周身无一处着力"，这就是口诀，就是拳谱，已经完全说清楚了。这里说的是结果，方法是胸口一定要打开。你看运动员两强对抗的时候，出现的最大问题是什么呢？就是呼吸问题，呼吸就是横膈膜紧，你想空化必须横膈膜上下要打通，打通之后肋骨要有呼吸，等于你要做到内外通透，不让呼吸影响了你。

> **【谈批】** 用神意与人相接，就是将对方笼罩在自己的气场通道之内，这时守中守神十分重要。这段拳论其实是解释李二爷失手的原因，由此牵出呼吸的问题、周身无一处着力的问题，值得细读。能细读，才能"要打还不容易"。

我去拜访一个老先生，他说，阿龙啊，你名气再大，也不知道这个拳的秘密，谁都不知道，只有我一个人知道。我说，老师你说说，是啥秘密。他说，你千万不能跟别人说啊，这秘密就一个字，这中啊，不能丢。我说中是啥啊，他说中就是重心啊。我后来就不跟他聊了，因为他也不清楚什么是中，把无形看成是有形的重心。

> **【谈批】** 这一段补论中神。许多人以为中就是重心，像这位老先生，说"中不能丢"，理解为重心不能失去。假如真是这样，碰到神气足、体力壮的人，他乱打乱踢，你仅能保持重心不丢，一定会被他打倒。

民国时，提倡国术救国，部队里有些军人是懂的；也出现了一些文人武者，如给孙禄堂的书写序的吴心谷、徐哲东等人。

王老先生晚年曾说，郭先生那么大的功夫，为什么还会伤人呢？因为郭云深先生打人非死即残。王老先生打人不伤人，是因为他能控制住。他回手一抽人就回来，一送就出去，所以不伤人。郭云深就不同了，逮住以后，一拳就把人打坏了。郭云深年轻的时候可能赢了人，对方觉得无所谓，他气盛嘛。郭云深外号"金眼雕"，眉毛平常都耷拉着，一笑就会竖起来，他照片上的眉眼也是这样。后来他把人给打死了，坐牢的时候，收了知县的儿子钱砚堂为徒，王芗斋有个照片就是与钱砚堂、贾蕴高的三人合影。王芗斋到上海的时候，钱砚堂见到他说，你这个年龄，怎么能是郭先生的徒弟呢？因为郭先生年轻时候教的钱砚堂，老的时候教的王芗斋，他俩年龄有悬殊。王芗斋说，这还不容易？你要想知道，就试试。两个人一试，钱砚堂说，我离开郭先生这么久，没有一个人有他那样的功夫，就你身上有他的风采。然后，他就在报纸上捧王芗斋，王芗斋在上海开始声名鹊起。

【谈批】本节说明郭云深老先生前后期拳法有所不同。他的前期弟子钱砚堂，有点怀疑王芗斋不是郭老先生的弟子，这是前后期所传不同之故。郭老先生是形意拳名家，前期尚重于形，后期已入于意，然而都是形意归一，所以钱王二人一交手，钱砚堂便立刻肯定了王芗斋的成就。现在习大成拳的人，应该体会这段故事。

王芗斋去天津的时候，天津人对他很不礼貌。那个时候他年轻，穿一身布衣。别人说，你就是王芗斋？你行吗？他说，我也不知道我行不行，我只知道你不行。你想知道你为什么不行，咱就试一试。

天津的薛颠很厉害，身法好，反应快，现在来看，他就是一个好的格斗大师。王芗斋不同，他是个艺术大师，不同于技击大师。

【谈批】王芗斋是艺术大师，薛颠是技击大师，这是基于立禅即意的原理做出的评价。

73. 练拳的故事

拳击是利用时间差和位移，在时空里找打击对方的感觉。当你掌握天地人合一这种状态的时候，他那个空间就没用了，太小了，你连他那个时空差都给包容了，或者说瞬间的次序就没有了；它没有遇到阻力的时候是那种次序，一遇到阻力就不是那种次序了。使诈，就是靠诈来弄乱人家的次序，这样就等于攻人不备。

王芗斋先生说，不管你是真的假的，我都当你是真的，假的来了我也当真的打，你连作假都没有机会。他的拳思路变了，因此使诈对他失去了意义。

太极拳是一种转换错位，是以化来解决问题、击打对方；形意拳是把对方看弱了，是以强打弱的思维。大成拳更加微妙，因为它是空的状态。空就能"远取诸物、近取诸身"，他看到什么落点都能用，所以不光是化，也没有把对方看弱。

大成拳有时候就是吞对方、覆盖对方，就像布一样，来来回回地包，来了就给包进去，不像一般拳术那么简单、那么有规律。他打人没有规律，有时候就像锥子一样，把你当棉花对付；有时候自己却做了"棉花"，让你锥不动，因为棉花太厚了，你锥不进去，它能吞你这个东西。你看，变化真的很多，所以要学习。我们看老先生的修习历程，也发现他一直在变；甚至在大成拳出来后，他还在练习；超越了意拳后，他也还在学，还在变。早期跟他学的人还抱着这力、那力不放。他们说，你看，我这是老先生早期的真传，而不明白那还没有脱离招法的范畴。可是，如果他们放弃招法，又没有新的理论架构，会不知道怎么办。咱们现在知道，把自己弄虚了，气场通道把对方也弄虚了；在这个体系中，主要用的并不是招法，左变右变的招法只能破坏这个体系及其纯粹、干净，反而不能用了。

首先要解决的是不对抗。要真正理解不对抗，真正做到不对抗。不对抗，拳的性质就变了，变到合乎我们的要求。如果你又变为对抗了，这个拳便整个不是大成拳了。现在有些人练形意拳、大成拳，都号称不对抗，其实还在对抗。学不对抗很难，学对抗很容易，因为对抗很简单。太极有个好处，

就是它有不对抗的思想。如果将太极拳变成玩闹，或者只顾自身的感受，那看起来就虚，其实不虚，因为他有一个真实的自我。

【谈批】 将形意拳精炼而成意拳，将意拳提高而成大成拳的过程，可以说是近代拳法的一段重要历史。

我跟王老师就学了一个东西，别人学各种动作，我一点没学，每天一天到晚都是这样站桩。我一次站过十一个小时，中途没有停下来。在海南时，有一天王老师携弟子出去了，他们就是散步、游玩、喝茶，然后调侃我。他们在外面还打赌，猜我在干什么，一个说我在睡觉，一个说我在站桩；赌什么呢？一碗馄饨。约好后就给我打电话，我听到电话响，手都放不下来，过好半天才能接电话。王老师问我干吗呢，我说站桩呢。然后就听到他们在电话里哈哈的乐，还调侃我，也不挂电话，我拿着电话也放不下。

王老师超脱，他不在乎人情世故。那时候或更早些时候他就已经不练了，就是玩，走到哪儿都让人扶着，一边一个人，就像电影里旧社会的大爷一样。有一天，他很晚才回家，一进门就说我，你怎么还在站呢，你站那有什么用？那时候我心里很矛盾、很复杂，但是我有一个信念，就是我必须站。

王老师的健舞什么的，我没学过。其他人是看王老师的录像模仿的，也都没学过。王老师跟王芗斋老先生也没学过健舞，但王老师的健舞是功夫的中神显示，不是有作意来显现无作意。其他人模仿王老师学的只是形，或者用作意来显示无作意，所以就很难达到王老师那样的境界。在比拳的一瞬间，你那个神能跟王老师一样、跟王芗斋老先生一样，那才是。

【谈批】 鸿坤只专站桩，没怎么学拳法动作，连"健舞"也没有学。这并不是他疏懒，我们看王选杰老师对他只说"立禅"而不说"站桩"一事，便会明白他学习的意趣，王老师对他也实在是有意地特别培养。

74. 有形空，无形有

把自己空了以后，有形的自己会变成无形的自己，与外界无形的气要相合，就是外意在指挥着你完成这些事情，这个时候就容易进入感知的通道。走摩擦步的时候，呼吸要无处不在，就是做任何动作时呼吸都要到。

脊柱练空的方法主要是在站桩、走摩擦步的时候要观照脊柱，让脊柱活灵活现，让它存在，然后把手放空。这是第一步。第一步做到以后、有功夫以后再练第二步。第二步是把脊柱的有、满慢慢地忽略掉，然后让手变成有，转化了。让脊柱慢慢地处在空、无的状态，它只是活、只是灵，没有感觉了，就这种状态。然后让它一直延伸、扩大到手，手也是这种活灵的状态，不再有了。有形的自身变空，就是自身的完成。

自身完成以后就可以与外界相合，全身的这种空的整体状态与外界无形的有相合。意在身外，拿外意调身。所以说它是能量，是天、地、人的能量，自然的能量。它的能量启动了自身"真空妙有"的能量。

> **【谈批】** 这里说出了有形与无形的诀法。自己无形之后，还要跟外面无形之气相合，那才是真正的无形，然后才能成为"三合"，即佛家"真空妙有"之理。"真空"是如来法身，"妙有"是如来法身的功能。大成拳将此功能看成是天、地、人"三合"的能量，真的是立论甚高。

75. 凭感知出

新的一年开始了，我给大家聊聊拳，在座的不仅有跟我学拳的学生，还有朋友和王老师的学生，所以，我要跟大家聊聊拳的一些状况。我的学生大概都听我聊过，其他人可能很少或根本没有听过。我的想法也许跟你们的想法有些出入，姑且都听听吧。

首先要知道"什么是拳"。可能每个人都有自己的看法，而实际上拳的种类很多，拳的入门的方法也很多，各有各的妙处，这些方法是怎么来的呢？可能是因为人的根基不同，相应的入门方法就有所不同，有的是从形入的，有的是从劲入的，有的以练气入的，有的由意入的，种种不一，各有其法。

但是，这些入门方法会产生一些问题。从练的层面入手，容易"住"在自身练的感受之中，导致永远都在路上，而得不到结果。这个很难突破，譬如太极拳，很高妙，但其立意是什么呢？太极拳是以对方没有能力为立意，总是"我顺人背，蝇虫不能落，一羽不能加"，把对方的能力控制在无能状态。形意拳的立意是壮大自己的能量，不管用什么方法，最终的结局是"打人如蒿草，硬打硬进无遮拦"。功夫也可以化成技术，到最后可以达到不用力的境界，但入门的方法是以完整自己为立意的。这些都是以有为法入手的。有为法就是有对抗，有敌有我，其他拳术更是如此。

那大成拳是什么呢？《金刚经》里面有句话："一切贤圣皆以无为法而有差别。"大成拳是无为法，是良知良能之法，说玄一点，就是禅法、无上瑜伽密法。无论你认为它是什么法，其实都可以说是不对抗的法。

【谈批】本节比较了太极拳、形意拳、大成拳三者的立意，对习拳的人非常重要。太极拳控制对方，令对方无能；形意拳令自己

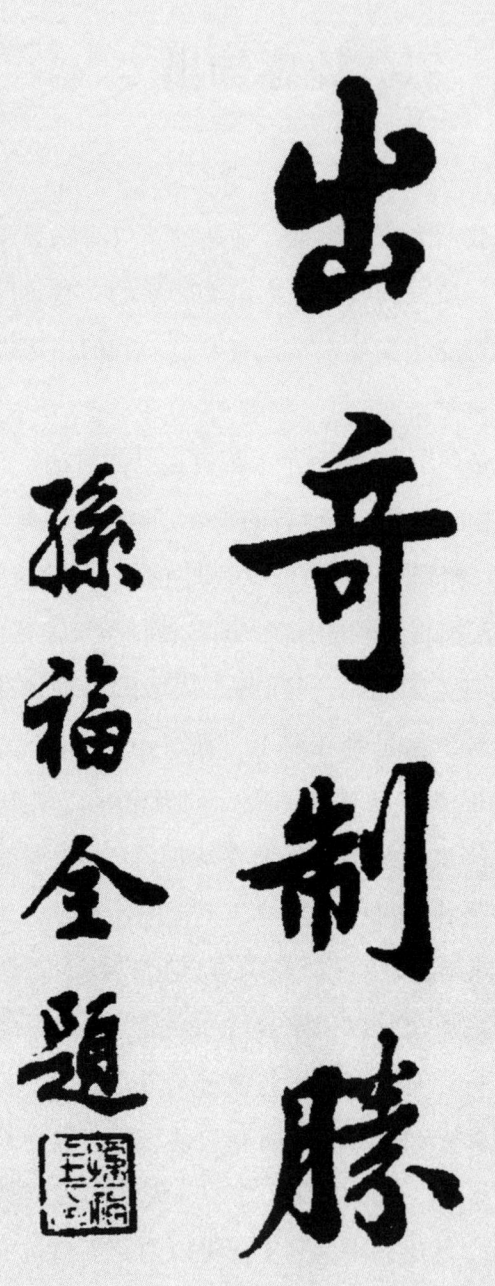

75. 凭感知出

壮大，二者立意相反，前者是柔中有刚，后者是刚中有柔。大成拳是应柔则柔，应刚则刚，所以说是因应，因应即不落刚柔二边。前二者尚有对抗，依然有对方的存在；大成拳主张不对抗，因为对方已融入自己的气场，对方的能已变成自己的能。

不对抗怎么对敌呢？大成拳不用力，用的是什么？用的是感知力，无我的感知力。王芗斋先生有言，"身动起象外，法在无念中"，"意不由己出，无相对之物"，凭感知出，无敌无我。

大成拳立禅站桩能培养出这种"凭感知出"，能把内心深处最大的能量激发出来。要让这种能量出来，首先站桩姿势要对，姿势对了以后它就容易出来。站桩的第一步是先把有形的身体虚化，然后把自己融到空当中。不把虚站出来，拳法就是实法，实法就只有对抗。凡是对抗，就进入不到无我的感知状态。所以，总的来说，只要把虚站出来就不是对抗，不是对抗就是修心的禅、修神的密。因为入到禅与密的境界，任何情形下都无敌我的分别。

有人或许会奇怪，是对拳就应该分敌我，怎么会无分别呢？我说的不是形的无分别，是心与神的无分别。若两个人都融入心神笼罩的境界，那么，对方的任何一个动作，你都会立刻感知；对方凭感知来出拳，你凭感来认识那个拳，所以无分别。

【谈批】 说将对方看成不存在，容易令人不解，所以本节文字就解释这个疑惑。在形上有对手，在心神中无对手，这便是不对抗的要领。其实，太极拳也可以说是不对抗，因为它可以化去对手的能量；只是跟大成拳仍有一点差别，因为它还要有对手这个概念，然后才能化。大成拳心神中无对手，即连对手这个概念也消失了。

这样说，并不是比较太极拳与大成拳的高低，只是引导读者能深入认识。太极拳基于道家思想，所以便有对手的概念；大成拳基于佛家思想，所以便无对手的概念。道家清虚的思想也很微妙，不能将它看低。

76. 如何明空

古人格物是要穷尽天下万事万物之理，拿什么格呢？很多人拿着习气格，这没有用。要回到原点，回到没有习气的明空的感知的状态，这样才能感觉到真切的东西，才能找到通道跟那个东西合上。就像推手时，你光想赢人的时候，真正的目标就没有了，就瞎来乱来了；你把心摘开的时候，就有很多信息进入这个通道。练拳是这样，读书也是这样。就跟镜子一样，你若想照见事物的真相，得先把镜子擦干净，如果带着自己的观点、习气，照出来的便不是事物的本来面目。

有人会问，明空既然是认识事物真相的前提，空可以通过站桩体验到，那明呢？佛教有个词是"空"，还有个词是"顽空"。若你什么都不知道，你的心就住在无知上了，所以，你还得有智慧。智慧是怎么来的？是明空的心态与观照的境界融合产生的。

佛家的觉最根本是本觉，也即是明空之觉，那么，明空到底是怎样的一种状态呢？明空有两个解释。如果用来说世间法，这个明空可以解释为如来法身的功德，也就是如来的智境功能；如果用来说本觉，这就是光明清净状态下的觉受。这里说的清净，便是完全离去了自我，完全离去了自身与外物的分别，完全离去了一切名言概念。能这样心就光明，用这样的心态来觉受，所起的便是佛的本觉，低一层次便是菩萨的本觉。修行人未入菩萨道，就不能称为本觉。

【谈批】 由本节拳论便可以说，大成拳其实就是这样的境界，得到如来法身功德，也就是能得到法界的生机与了别，有生机就有无上的能量，能了别便是无上的感知，因此便可以远离一切概念与

競爭時代　首重武裝　貧由於弱　富基於強
東瀛三島　武士道彰　回啟日美　技擊擅長
繄惟我國　共祖軒黃　螢无戰勝　國運乃昌
期門俠飛　漢將航航　自開海禁　敵勢披猖
內訌未息　外侮彌狂　止爭弭亂　思患預防
偉武貴舘　振導有方　恢復武術　發揚國光
風聲昨播　振贏起疪　各顯身手　少林武當
棠刊昉載　意美法良　強種強國　斯乃濫觴

宋哲元敬題

分别来反应。这就没有化去对方能量的化，也没有打到对方无能的打，因此是极为王道的拳法。现在美国新总统特朗普登场，他的"拳法"十分霸道，中招的人非死即残。而我们的应招则相当王道，提出了新的全球化概念，应该可以化解特朗普的招数，这样就能带来世界和平。倘如还以霸道的对抗，地球就只会是一个血淋淋的人间地狱。

知道这些，就懂得我们常说的"感知"是指凡夫的光明清净觉受。跟菩萨相比，跟佛相比，我们的觉受当然不能像那样光明清净。但在凡夫的层次，只要去除自我，心识与外境融合为一，这时的无分别状态，也能说是光明清净。

明空的空，不是"顽空"。如果把空当成是没有功能的境界，或者把空当成什么也没有，那就是顽空了。顽空不能起功能，因为它令人的心识陷入昏睡的状态，既然是昏睡，还有什么功能可言？

明空的心态（我们不说是觉）有观照外界的能力。观照时，知道外界一切事物、内心一切行相都非真实而有，但是这些都依着如来法身的功德而有、依着法界的功能而有，那么便可以说此为妙有。

明空的心态跟观照的境界融合，就是真空妙有。现在我们站桩，最高的境界便是进入真空妙有的境界。怎样能达到这个境界呢？我们说站桩时强调放松、强调守中守神，就是为了得到这个境界。

依法站桩时，我们的心会依次起三种功能。首先仍然依着惯性、依着习气，所以很注意姿势，很注意那个形，还会注意自己的呼吸，这是第一个阶段。接下来，我们的惯性与习气慢慢平息了，这时候，练桩的种种要求抑制了惯性与习气的涌起，但也只是代替而不是消除，这是第二个阶段。再接下来，练习的人要站桩而不觉得自己是在站桩，连站桩的想法都没有。所以，王芗斋老先生的境界实在很高。他首先说由果地修，那便是要我们修到进入明空的境界，因为明空的觉受是果；他再说要你这样站，你就这样站，可是你真的这样站就错了，那便是要你站而不站，连站桩的惯性与习气都沉下去，那么明空的感知自然便会生起。

【谈批】所谓"感知"，即是用明空的心态来观照，大成拳是通过站桩来得到这种心态。

77. 对方的中

明空的感知是想感知对方的中，现在就谈谈对方的中。

自己的中能清晰，才能看懂对方的中。自己的中清晰便等于进入了明空的心识境界。中是什么？中就是站出来的中气。如果照密乘的说法，便等于说是中脉的气。说到这里，问题就复杂了，所以需要先谈谈中脉的气。

我们存在于中脉的气，叫作命气或持命气。顾名思义就明白这个气很重要。密宗观修是想令持命气变为智慧气，得到智慧气，真实的明空境界就自然生起。我们学习中气，不能得到智慧气，只能通过修密乘的观照，能令持命气发挥功能。因此，我们的中，便是以持命气的中脉为中气。这样不断修习（串习），即使是持命气亦能发挥出微妙的感知。一望对方，由他的身形姿态，就能感知到他的中。若他的中只是凡夫的混浊持命气的中，一碰到我们的中，我们便可感觉到。

所以，可以这样说，清净的中气一刹那就能够感知混浊的中气，混浊的中气一刹那便受到清净中气的控制。

我在加拿大看到一种蓝松鸦，英文叫作 blue jay，它一飞到树林，稳站在枝头上，不动也不叫，整片树林上的雀鸟便立刻飞走了。我想，这就是因为蓝松鸦的中气比其他雀鸟清净得多，虽然蓝松鸦没有攻击雀鸟，但雀鸟还是感到了不自在，所以会飞走。同样，我们一感知对方的中，如果自身由清净中气扩散出来的气场足够大，对手就会感觉不自在，虽然感觉可能很轻微，但他已受到我的气场控制，因为他已经融入我的气场之内。

理解对方的中很重要，如若不然，上面说的东西就没有了。

【谈批】这里谈到了一个很重要的问题，什么是对方的中？如果认为是对方的中心，那就大错了。我们无论处于任何形态，都有一个中气。你将身站直，中气当然便在中脉，亦即由头顶至会阴。假如我们伸出一个拳头，那么中气便变位了，变成在哪个位置，那就要看他拳头伸得多长、用力大小、在哪个部位用力等许多因素，而且牵涉到对方的分别心。他存心要打你的头或你的脚，都影响到他的中气，所以不是重心的问题。因为连他的心态都包括在内，所以只能感知，还要用明空的觉受来感知，才能判断对方的中何在。

蓝松鸦的例子说明中气是可以感知的，雀鸟避走，是因为感知到了蓝松鸦的中气。

77. 对方的中

78. 清逸的心

大成拳是清逸的心。

大成拳不立一法，不废万法，是心的生生不已状态，是心感知事物的状态。在事物中感知生机，没有好坏、是非，只是事物的真相显现，所有的事物都是助你通向大成。

为什么能够这样，其实就是守中。最要紧的是守着自己的中气而不落于惯性，不让名言概念来干扰你，不让分别心来夺去你的真心，这样你的心便是清逸的了。清是清净，逸是自在，能清净自在，才能不立一法而不废万法。还可以补充一句，虽然不废万法，其实也不能受万法束缚。若作意来废万法，那便不能清净；若受万法所限，那就不能自在。

我在这里所阐释的，已是大成拳的高级境界，基础及相应层次前面所论已详。凡说高级境界，都没有很多话要说。现在我只是指出什么是清逸的心，至于怎样才能达到清净自在的境界，只能说需要修为，需要反复练习、深入体悟、依次修为，守着中守着神来修为，境界才能一步一步提高。王芗斋先生、王选杰先生等前辈就是榜样，他们不仅是拳术的高手，也已经进入了禅的境界、密的境界。进入这些境界的人，看起来还像凡夫，其实他们的心境因为清净安逸，已能生活在禅与密的境界中而不着痕迹。他们的安然，是不着相的心才具备的自在，因此具备了感知的能力。

【谈批】清逸的心也可以是自在的心。人的心其实很不自在，因为有许多东西束缚着他，不受缚还不能做人，这些束缚便是自然的规律、人世的伦理、社会的道德。那么，是不是要将规律、伦理、道德都打破呢？绝对不是。佛家说在如幻的世间中作幻事，并

78. 清逸的心

金丽贵先生

没有否定这些幻。那么怎样才能得自在呢？只是教你，虽然遵从如幻的规律、伦理、道德而作为，但要争取不住入这些概念里面，所以无住心便是自在的心、清逸的心。

作而不住，便是任运，我依着这样的规律来适应人世与社会，那就够了，不需要拿规律来局限自己，这便是"作而不作"。举例来说，我们侍奉父母，不应该存有"孝道"这个概念，假如你斟一杯茶给父母，心中已存有尽孝之想，那就不是孝子，因为你的一切所为都是作意的作。作意由概念而来，是故你便已经用概念来自缚了，这不真实。你只是由感知而适应，感知老人家需要什么，然后适应他的需要，这便够了，根本不需要有"孝亲"这个概念。

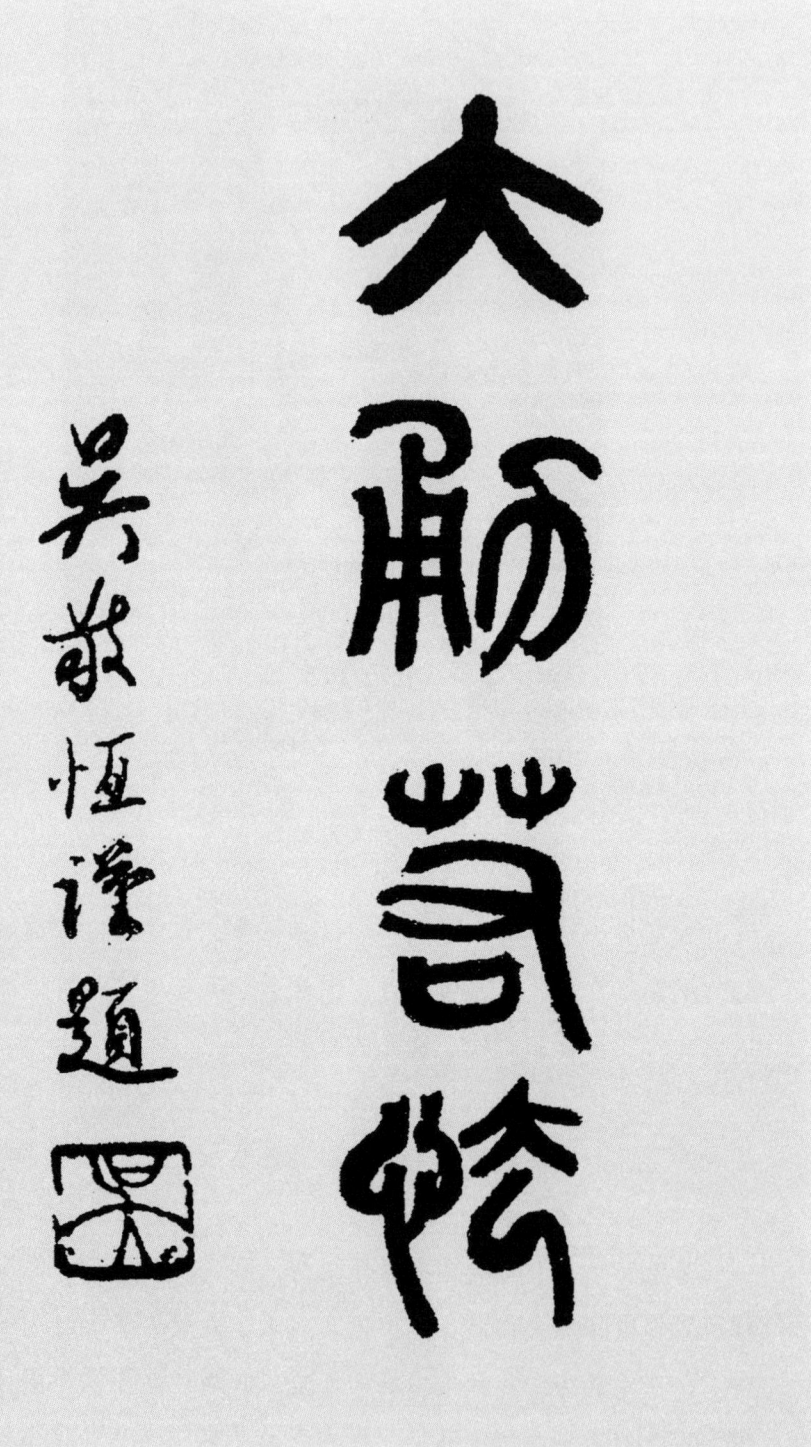

79. 四种精神境界

人的精神有多种差别。俗人的精神，遇人遇事时，有情绪，有对抗，有强弱之分，所以这是假精神。儒家的精神是浩然之气，是诚中，饱满中和，远离情绪，没有对抗。道家的精神，是虚中，有浩然之气以后，又超越了，把它虚化了，这时的精神有虚实变化。佛家是空中，没有实，也没有虚，无名无相之法，像虚空，虚空中有如来法身功德，可称之为元气，元气弥漫无间，所以处处都有生机，处处都有生命安顿，这空中才是真心，才是真精神，才是大成拳修炼的目标境界，才是大成立禅体证的境界。立禅站桩，就是在恢复、培育、激发、体证明空。这过程不可少，亦不可住，要"不住不断"，一住便不是空中。

【谈批】俗人、儒家、道家、佛家四种精神境界，总的来说，前三家都着重世间，所以或多或少都住入世间的名言概念，这便不能作而不住。凡有所作，多少总有点作意，唯有佛家不遗弃世俗而超越世俗，因此才得自在，能成清逸之心，由是不落于中神的概念来守中守神，这才是作而不作。不遗弃世俗便是"不断"，不遗弃而不落概念，那便是"不住"，"不住不断"必须这样来理解。

＊前页吴敬恒先生手迹释文：大勇若怯。

80. 行住坐卧都是法

走路的时候，全身关节是松的，既松沉又虚灵，这是基础。然后拿着身子走，也就是用身子带着腿走，而不是迈着腿走。这是大成立禅的第一法：行。

然后是立。立禅不只是站立的立，更是立禅即意的立。这样立才能守中守神，进入清净的心境。在一个清净心的状态下站桩，这是大成立禅的第二法：站、立。

然后是坐。日常生活中坐的时间很长。坐，身体要中正挺拔，但腰不能紧，是一种说蓄不蓄、说发不发的中的状态，保持中的状态才能入虚出神。因为是休息的状态，所以容易入虚。能够入虚出神，气才能散开、才能弥漫。

最后是卧。佛家是用狮子卧，那是右侧身来卧。但密乘还有一个卧法，叫摊尸卧。两个卧法都合乎大成拳要领，都能令呼吸自然。不过，狮子卧是用左鼻孔来呼吸，因为左鼻孔进来的才是生气而不是浊气。总的来说，就是让气容易进入中脉，所以卧便是守中守神。在休息的状态下，连意识都没有，才是自然的守中守神。

【谈批】行、住、坐、卧四法，佛家称为"四庄严"，用来规范学佛者的生活动态。若失庄严，会落人鄙视，但如果落于概念来作此庄严，那就会被庄严所缚。这段文字说四庄严法，可以依着他的说法来做，但千万不能陷入"我作庄严"这个想法。

81. 歇狂心，显中神

普通人，大部分是自我的人。只不过有人自以为是，有人自以为不是，有人自以为没有自我。这都不对。那应该是什么？我把问题抛出来，是让大家回归内心作自我反省，检视自我的状态！自己的心落到哪里去了？如果自以为是"一般人、普通人"，或者是"非常之人"，那就已经把自己定格了，心住了。心住的原因，还是没有守住自性，从而起了颠倒妄想。一起妄想，就会有认识，觉得自己是什么，认为别人会怎样；这个事要这样，那个环境应该那样，等等，生出了种种的人我是非、好坏、对错、善恶、染净、凡圣之别。

分别一起，妄想的心就会拿着自以为是，去跟自以为不是对抗。由分别才觉得自以为是，由分别也可以觉得自以为不是，这就是矛盾，因此就产生了自我的对抗、自我矛盾心的对抗。许多人都存在这种矛盾心理，只是习惯了就难以醒觉。一练拳，便常常会受到不自觉的矛盾心影响。

一有自我的矛盾心对抗，就会有种种情绪产生，或高兴，或生气，或得意，或恐惧，心就乱了。其实，不是外境的过错，是自己跟自己较劲，拿心中的妄想跟另一个妄想作对抗。

金庸小说里的周伯通，用自己的左手与自己的右手对拳，那便是拿自以为是和自以为不是来较劲。正因为他习惯了自己跟自己较劲，才被称为"老顽童"。

周伯通的师兄是王重阳，号称"中神通"，天下第一。他不会自己跟自己较劲，不依名言概念去想，不依名言概念去做，什么也不用做，这样生起清净安逸心时，自我矛盾就没有了。

> 头如波浪 手似流星 身如杨柳 脚似醉汉 出於心性能灵 蘸於刚非刚能 似寶而霊 似剛而霊 久练自化 熟极自神 妙興

习练大成拳不能像周伯通那样，左手跟右手对打。要把狂乱心歇下来，安住中神，保持觉知的清净状态。自然应物，无住而生心，时时处处在立禅之境地，无我无人无世界，有花有月有楼台，就挺好了。

【谈批】 从来没有人这样来批评周伯通，说他自己跟自己较劲。经他一说，真的果然如此，要不然，为什么不能也成为"中神通"呢？王重阳修道，心清净；老顽童搞笑多，心虽善，却欠清净。

82. 至阳功夫

至阳之功夫，是人与天接，身体融于空气之中，飘荡着，才是最安稳的状态。如果坐在地上，就把自己坐死了，没有了源源不断、生生不已之机，就什么都结束了。

【谈批】 大成拳原来是九阳神功，一笑。

83. 拿清逸心去打

用身体运手，用中运环，手抬起来且不能夺身之中。对敌时，"身动起象外，法在无念中"，这是原理。

"身动起象外"，是身无妄动，身外之意领着中动，令中神运着身手应敌。"法在无念中"，是心中离念：离我念，离敌念，离打念，离胜负念，离恐惧念。在无念状态下，将对方看空，对方只是心中的虚影。你用中合那个影子，影子就是你中的一部分。你动中去打那个不动的影子，这才是用清逸心去打，才能自在地打。

【谈批】包罗万物，即为清逸。这是道家的心法，修雷法的一派，必须意存万象而发雷。

84. 只是打影

站桩，灵机出，假想一物，心与之合，练习灵机配合假借之物，反应长短距离。熟悉之后，在日常生活里，随缘应物，无穷假借无穷意。待到遇见人时，把人看虚，只见眼前一影子，心一空，如虎扑，直追前影。灵机不昧，能与身外之物合，中不丢，不动念，静接物，动中取。所以不是对敌，只是打影而已。

【谈批】打敌如打影，所以能追着对手打。拿报纸打退刀手的故事里，他只是拼死来打，除此心无杂念，才可能人如虎扑，追敌如追影。倘若他见人见刀，心生惧意，那就非死不可了。

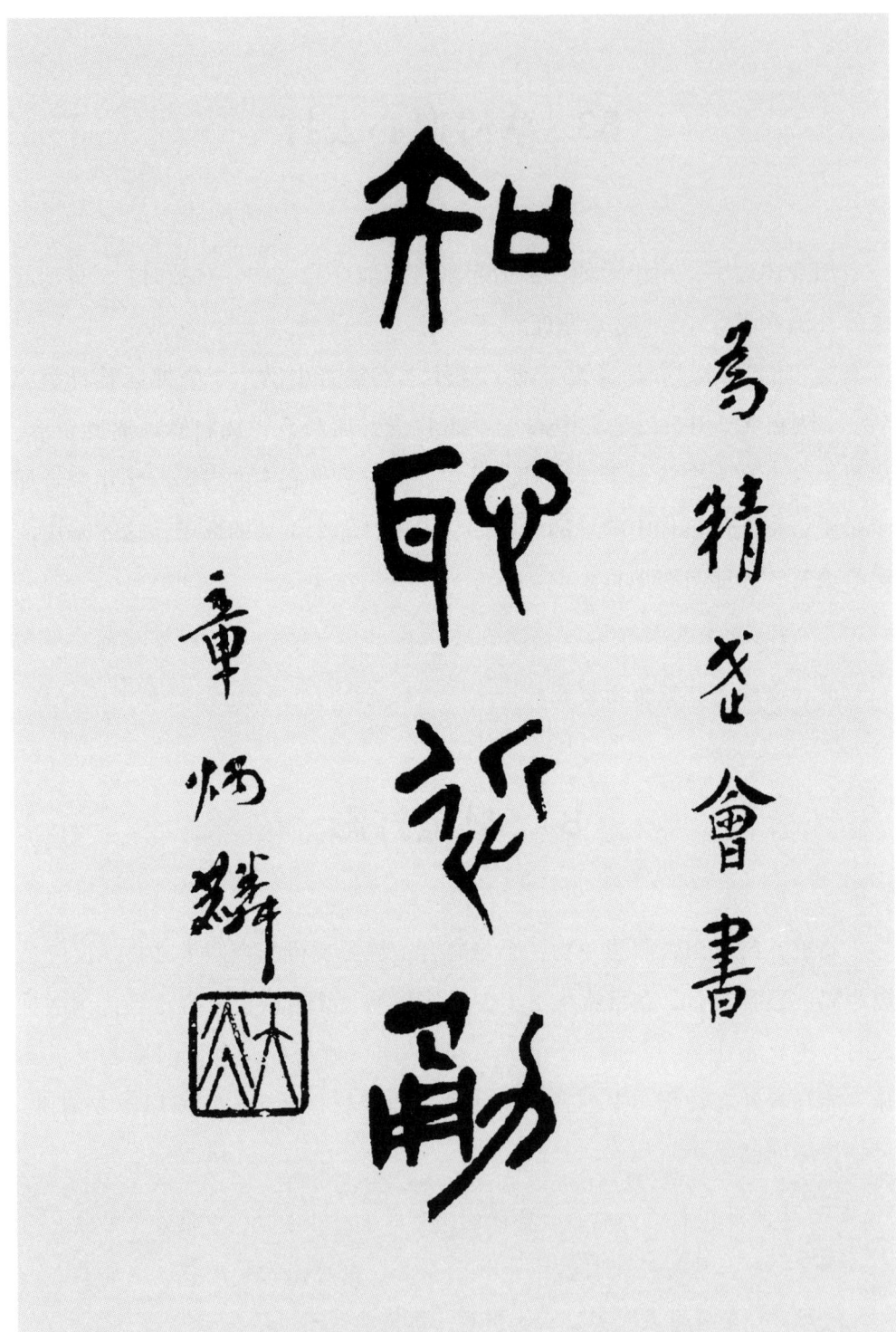

85. 桩与中

站桩是三个点：脖子是虚的，腰是活的，膝是灵的。

中是精神，三个点：空、乐、乐空。

现在只说中的三个点。气当然要虚，虚不是没有气，也不是中医所说的气虚，只是不能有杂念来提神。乐由提神引发，而不仅是愉快，实在是由生机充满所引起的一种觉受，这才是真的乐。所以，守中守神就能生乐，因为守中守神就能令生机充满。乐空是前面两种状态的结合，不仅落于虚，亦不仅落于乐，二者相融，这时的中便是乐空的中。这个境界用文字难以完美形容，只能说在乐空中才有非常灵敏的觉知。

站桩的目的就是生起中，一边生起，一边按着空、乐、乐空的境界来觉受，那么桩与中就成为一个练习的整体，不仅是站桩，也不仅是追求中。

【谈批】 这里说站桩三要点、守中三要点，可以参考前面关于如来藏的说法。守中有如镜，站桩有如镜影，守中而站桩，即如镜生镜影，是即如来藏。因此，守中守神即能生乐。

＊前页章太炎先生手迹释文：知耻后勇。

86. 日常化生活化

弟子：师父，现在我们能对抗吗？

师父：现在你们站桩具备了能对抗的条件，但要真正对抗，可能还需要学习。对抗需要专门学习，它是方便法。你想展示自己觉悟的身心，因为最高的境界还是觉悟了的身心，所以你还需要实践。

弟子：现在肯定不行？

师父：没有学习肯定不行。脑子要清晰，现在只是让身心安乐，也能够安乐，譬如你开车的时候，身心还是安乐的，安乐别丢，仅仅是换了个形式。

弟子：什么是日常化、生活化？

师父：日常化更简单一些，形式上是在对抗，但没有对抗的心。在整个过程中，没有掺杂别的成分，没有胜败、没有恐惧地在做这个事情，这便是禅宗的平常心，这平常心就是日常化、生活化。

弟子：平常感觉很难。遇到事情的时候，心不能放开。

师父：不错，进步了。慢慢地就没有情绪了，这已经进步了。不能搞特殊化，一搞特殊化就显摆了，就是有我了，心里就有东西了，没有安住心。有人说，练太极拳就是四个字：松静自然。最低处从这里入手，最高境界也是这样。但多数人做不到，原因就是他们自己弄得太复杂了，不敢简单；他也不敢自然，也不知道什么是自然。太极拳的无极桩，很多人都站成了收肛溜臀，以为这是要领。其实他们是认识有误区，收肛溜臀只是练习"无极桩"过程的一个感受。

站桩，有人会特意地沉肩坠肘，有撑有抱。他不知道肩撑肘横，头往上领着，脚往下沉着，手是合着，就是这么简单。这个时候所有的意念都是假的，连所谓要领都是假的。如果沉肩坠肘的时候，还加上一个含胸拔背的要领，那便把自己搞成假的、错的了。

弟子：师父，站桩的时候脚趾应该是放在地上，还是抓地？

师父：你站桩的时候想过脚趾抓地了吗？

弟子：没有。

师父：脚趾抓地也是站桩过程当中的一个觉受。不要拘泥于想法，想法越简单越好。没有想法，就是中的状态。但是有一点要注意：精神要拎得起来，刚开始需要引导，慢慢就自然了。

弟子：师父，王老师教的技击桩好像看不懂？

师父：王老师教过矛盾桩，还教过伏虎桩；一个是绕着练，一个是直着练，他是因人施教。学的人要明白老师的苦心，不能学了这个桩就说别的桩不对啊！形式可能是不定的，形式要因应心性而有所变化。现在，我们要求灵机状态、乐的状态，可能还达不到修炼心性的那种要求；最起码在技击、对抗的时候，可以做到不执着于胜败和恐惧，展现出来的就是这种状态。如果没有这种状态，就真是技击、对抗了。

87. 虚与中——练拳的秘诀

劈拳、波浪试力、拉大绳、拧枪、摇刀、云竹筒，等等，都是中神在运作。身子起带着手起，身子落带着手落。步法的作用是调整躯干保证中正，要利用两腿进行虚实的转移，身子始终是中正的。多了解一下别人的练法，有助于自己进步，但不要人云亦云、亦步亦趋。

简单的动作要领就是原地的起落，手臂下来的时候不是自由落体，好似上面有东西拽着；手臂往上起的时候，好似下面有东西拉着，都有意念在里面。

起来的时候要从脚上开始，把身子拉直了。落的时候要从肘开始，然后是肩、胯。不管怎样动作，身子一直都是中正的。慢慢地就把桩上的能量校对了，建立起正确的秩序。

身上要松，不能认真，就是感觉；不能带任何杂念，只是感知。身体起来就行了，不能后仰，越自然越好；不是手起，是身子起；手起来是身子让它起来的。弓步时身子也是直的，在移动身体的时候，前面的腿是虚腿，支撑腿是虚的，要松这个支撑腿，用意去支撑；支撑腿如果是实的就是肌肉在支撑，肌肉放松了才是虚的。说支撑腿是虚，就与一般人的思维相反，他们认为支撑腿要实，实才有力。大成拳要求不能有根，一有根就错了；没有根，打人的时候飘着就过去了；一有根，打人就是硬来了；支撑腿要虚才不会有根。

大家练试力的时候，越自然越好，不能做作，不能执着，乐着做；身手的关系不能变，身手的中环不能变，就是调整自己；没有敌意，没有对待；就是起落，手形什么的都不重要，该怎么起就怎么起，该怎么落就怎么落；

87. 虚与中——练拳的秘诀

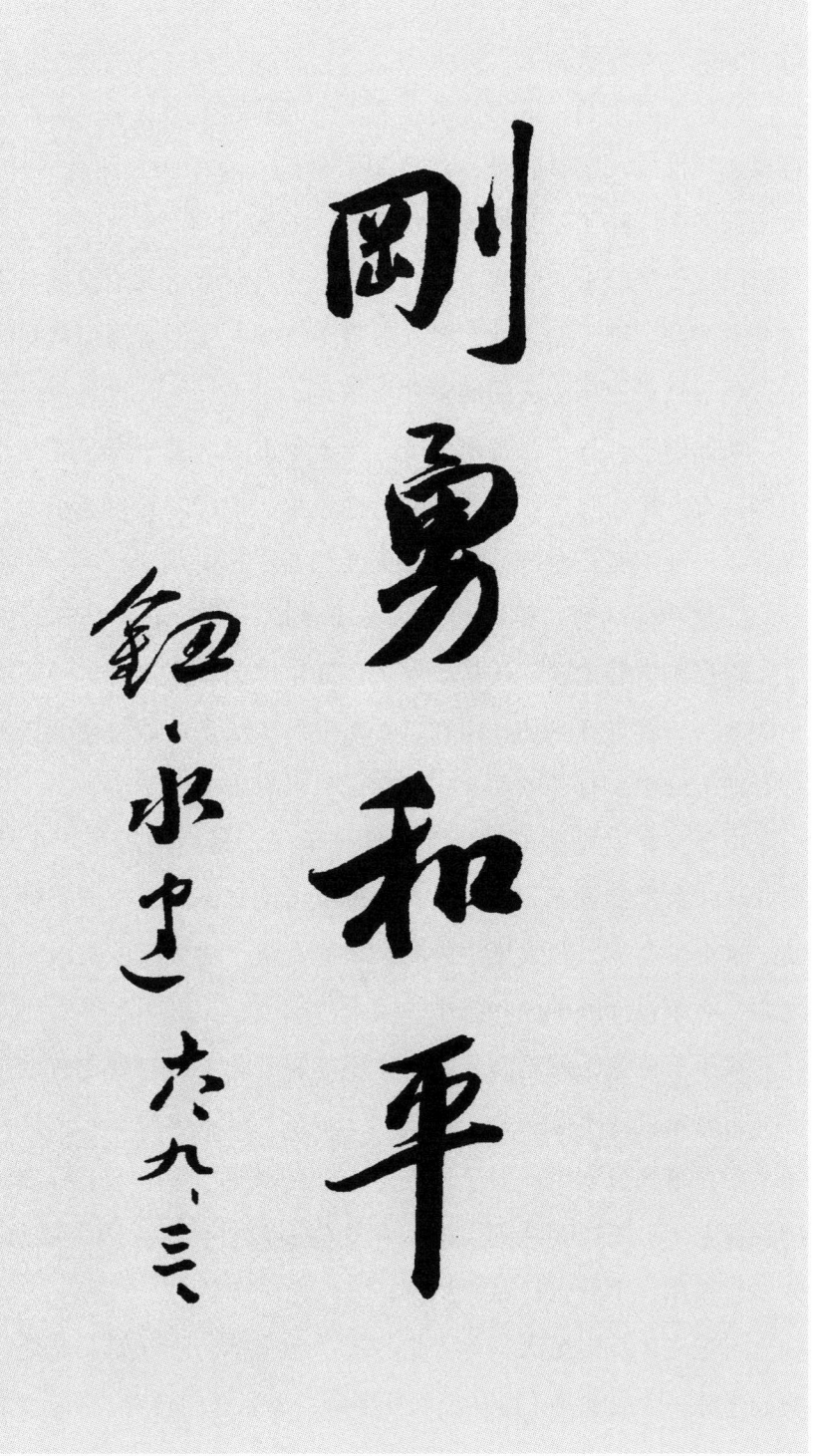

腿得有曲折，不弯就没法起落了；腿要弯，腰要松，腰一松，身子才能含蓄、挺拔。要面带微笑。

站桩是静止的，试力是动作的。大成拳源于形意拳，而形意拳有些套路带着表演性质，要拿着劲、拿着架子来练，身子跟电线杆一样。以前说过，技击训练中，身子要跟地面保持垂直，只有这样才容易恢复，容易再启动。身子一定要竖起来，竖起来才有起伏、才有旋转。无论对抗与否，身上须有这个空灵劲。刚开始为什么要立着身子练呢？这样容易保持身子的松紧和中正，要不然只能靠步法的调整才能做到。

动如山飞，身子就带出去了。步子很重要，基于身子老是直着的状态练出来，对方在你眼里才是弱小的。你要是能把对方看得弱小了，试力才算是练好了。要不就是对抗，你就难免会想办法、耍花招。

一只手练试力，要绷起来，身子要拔，横着走。上下的、前后的都有了，现在是横着走了。还是要保持住那个虚的状态不变，手是假的，就是身子的起伏，就是练身子，用胸口吞对手。步法是运载身子的工具，但是，你得有桩上的中，有了中你学学就会了，没有中不易学会。

中要真，你要站得没手了、没身子了，最后进入另一个境界了。这境界，现在大家都没有，都不是，还得继续站；不知道后面有什么，还得继续站。这个学会了，跟人推手的时候才能合上，对手就能被罩在你的打击范围之内，必落在你的中的状态中。

双手不分家，就是两手的距离不能有变化，一有变化就带想法了，就死了。不分家就死不了。

手在落的过程中，身子还在能启动的状态。手自己落，等于你把"用"用在落上了。所以要练到虽然手在动但我没有用手，因为我意识不落于手，你在起作用，手臂自己做它的事。

王老先生练得更大，等于把身子吊起来练。刚开始要贴地，慢慢地就要飘起来练。大成拳打人是从上面往下砸，形意拳叫打夯，吊着才能"打夯"，

87. 虚与中——练拳的秘诀

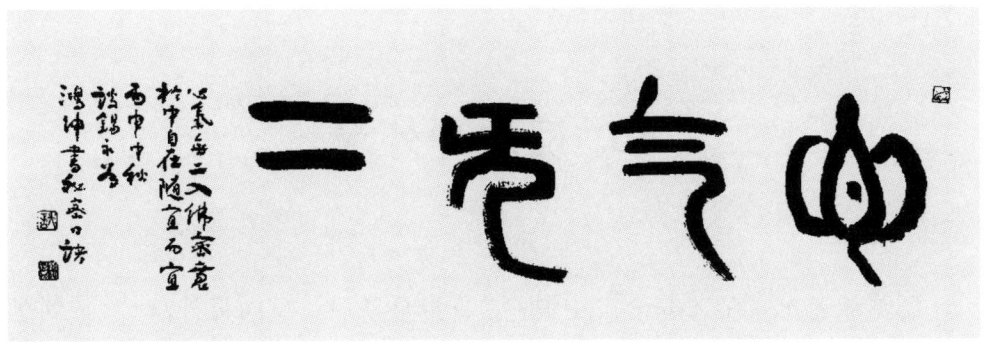

钻拳就是吊起来打。

不要追求动作,《大成传习录》讲理、法,还讲了势。很多人只说理、说法,不说势,都不完整。应该是势出来了,拿势来说理、说法;用势说才是"果地修",由说理、说法开始,还只是用分别心来说。大成拳的特点便是用离开分别心的果地为主体,是以空性建立势的拳法,或者可以说是用明空来建立中神的拳法,势由中神而生。

势是主线,这主线很难说明白,所以才拿理、拿法来说明。

【谈批】本节拳论我没法批,因为我完全不懂大成拳的拳法。我能体会到的,只是说用势这一点。势是果,理与法是因,由用势来建立理与法,便是果地修,所以才说势是主线。

88. 反向身外求

王芗斋老先生在《拳论》中说："自身具备后，反向身外求。"站到意出来后，就要舍形练意，拿两手上的意去追身外的意，把口张开，把心打开，尾闾松开，把身内身外的意练真了，形不练自练，慢慢觉得身外之所有和自身之所有成为一体，身外只是身体的延伸、扩大。这样观照，就能神意饱满，清虚轻灵。于是，心神又进入一个更高的境界，这时的中便是活中。

【谈批】这是说内外无分别，自身是内，身外一切都是外，二者成为一体，人才能跟大自然沟通，或者说跟法界相融，因此王老先生才会说"自身具备后，反向身外求"。许多练拳的人只着重"自身具备"，完全无意"反向身外"，所以便只有形，而没有立禅即意的意。必须能"反向身外求"，才能说感知，才能说任运。

89. 试　声

试声是为补充中神的不足，主要方法是：龙吟、虎啸、狮子吼；还有三个不常用的方法：鬼哭、狼嚎、阎王摧鬼。

龙吟虎啸都是补神气的浩然之气，狮子吼是接虚空之气，阎王摧鬼是特殊之用。

【谈批】大成拳的试声，似乎与密乘的"匀气"相通。

88. 反向身外求

右獨立刀勢

此開右邊門戶後鎗劄入
則將刀往右後一攬開鎗斜進
左步為右獨立能便破敵
注曰此開門誘敵之法
後鎗劄入將刀背向右
後攬開鎗高懸右足
則閃過後刀下之鎗隨
落腳進步砍入

90. 鸭子走路

站桩完了,步子迈不动,大家要珍惜这种动不了的感觉。还要体会有序的动,不是普通那种习惯性的动。迈不动脚了,头领着肩膀,胯跟肩膀就错开了,肩膀跟腰把胯带过去。你们看小孩子走路,他绝不是迈着脚走路,而是跌跌爬爬地用身子走,由身带领着脚,有点像鸭子走路。所以,王芗斋先生教弟子们观察鸭子走路,就是要他们恢复自然有序的习惯。站完桩后别浪费这个机会,赶紧体会。

身体把腿领着,这样拳打出去就沉了,脚不离地,胯就可以过去。迈着脚走路,还要权衡脚跟地的关系,用胯带着脚就不用权衡这种关系了。脚因为不用抬起来,所以对地就没有作意;脚不是抬起来走路用,如果一抬,那就是脚的起用。

【谈批】这里说的仍然是有无作意的问题。鸭子走路是鸭子无作意地走,观察它们,就是体会如何无作意地走路,或者说,要由鸭子走路的姿态来领会如何无作意。

91. 厉害，更厉害

弟子：师父说，通过立禅站桩，要把气机和神意站出来，这是应敌的状态吗？

师父：是活的状态，不一定是应敌。你在外面设个目标，让这个机和那个目标的节奏合上。刚开始时你可以定一个慢一点的节奏，适应之后就可以快一些，要每天随着外面这个目标的节奏习练。碰到一个东西，你的心会进行处理，这样才能进入去。大成拳就是这样的拳。不是用自己的心，而是用你向外观照的那个神，把气机和神意站出来，就是这么回事。

弟子：这个目标是想象出来的，还是对照出来的？

师父：你可以先找一个实体，慢慢地可以在虚的里面找一个目标。刚开始时你自己放慢这个节奏，因为节奏快了你心就紧了。这就是王芗斋先生拳学的核心，没有别的。心随于外，把放在外面的那个心想活了，自己便成无心。心死神活，随机而动。

弟子：我可以把这棵树想象成人，然后拿动作跟它合，对吗？

师父：只能拿神来合，别想有动作，这才是我说的合。没有动作就是开合，有动作就容易拘谨，所以心不开。打人用的不是动作，用的是中神所显现的随意而动。看到对手是影子，感知到了，就过去了。

弟子：能把一片树叶想象成一个目标吗？

师父：初练时不能这么做，要把一个整体作为一个目标。刚开始不能用人来做目标，因为一用人，你的心就动了，肌肉、思维就紧张了。不动心地用神合，出来的才是本能，否则就是思维。

弟子：节奏是快慢的意思？

精誠無間
百折不回
是謂大勇

于鴻坤

师父：是。刚开始节奏快了，你的神就做不到合，所以要慢。

弟子：您说的这个开合，是不是我观想的这个物体靠近我，然后我用神去迎合它？

师父：对。先这样练，有感觉了我再往下说，先这样入。你一直没有感觉，我就不能往下说了。学拳进入到一个整体、有序的状态，需要次第渐进。

中国人说的心，不是有形的心脏，是神意的动态，所以神安心就安。接下来的功夫，是让心神跟外面关联，因此心一定要打开。心打开了才能产生混元之气，这就有了神。

弟子：师父，饱满是不是气化的意思？

师父：对了。功夫会用不会用不重要，不会用还好；有时听听劲就挺好的，一用就显摆，不是你打人，就是人打你。有了功夫你不会用，一旦跟别人用上两次就会了。别人一摸，你一琢磨就会了，身上是那个东西。身上不是那个东西时，学都学不会。它只是另外一个维度，不是一个简单的智力问题。

过去人学功夫练了十几年，要走了，师父便陪着他摸一个星期，就会了。只管用功，别想着用。即使悟到了很多东西，也要不停地超越自己，才会有意思。你现在喜欢打，若有一天突然对打不感兴趣了，就更厉害了。

一般练拳的人不敢这样做。他以为既然学了拳，就不能对打不感兴趣，因为他的心没有翻过去，所以，他一生都只是追求自己想象对打时的厉害。这个心一定要翻过去，我这样说，是让你更加厉害，超越自以为厉害的厉害。

92. 不是身心是中神

心安住，心不参与。身体往后点，胯坐下，膝盖要弯曲，后背放松，腰放松。任气下沉，全身肌肉松着往下沉，乐的轻松的神意从脚底下往上返，身体一沉一领，心要体会这种"中"的状态，也就是不沉不领、又沉又领的状态。也可以说，这就是一种没有身体的状态。没有身体，但有身的境界。别让身体来影响你的心，这样心才能开放，然后才能不动。回过头来，用觉知来觉察这个身心的境界，这就够了。

如果能够练到进入这种身心俱忘、只有境界的状态，就可以说是通神了。神意相通，诸事俱顺，所以凭认知就可以随手应敌。高手对招，只是神意相接。

我这里讲一个故事。上世纪30年代，王芗斋老先生和他的结拜兄弟神腿刘丕显，从上海到了河南的一个地方，看到两个村在械斗。刘丕显说："二哥，不看了，没意思。"王芗斋答道："且慢，你看看那个拿杆子的人。"于是他们留步观看。见有一个拿着杆子的人，只是站着不动。械斗一方的村长走过去对他说："我花这么多钱请你，你为什么不出手？"那个拿杆子的人似乎有点无可奈何，便出手了。一出手便不得了，他拿着杆子，见一个人点一个人，点一个人倒一个人。于是，刘丕显对王芗斋说："原来这个人的神气跟二哥是一样的。"

仔细琢磨这个故事，你就会理解什么是心神相接。王芗斋先生没有跟那个拿杆子的人对敌，但依然可以心神相照，观照到他的功力。

【谈批】这里其实依然是在说无作意，作而不作的无住心。一落于名言概念，便会作意于身心。依然有这个身心，可是不落身心

92. 不是身心是中神

  的种种概念，所得的便是中神。这时，我们可以说，不住于身心的身心便是中神。

  王芗斋老先生的故事，正是得中神后的感知。他不是由那个人的形态来感知，而是由他的中神来感知，彼此中神相接而知，即是不落任何概念，亦非依概念而作分别。这一点，不仅对拳手重要，其实对任何人都重要。

93. 大师风范

郭云深老先生练拳不练套路，只是站桩。用的时候，把人撩起来再打。

王芗斋老先生与郭老不同，他是把自身练成空灵的状态，守中守神。他们一个是有，一个是空。不过这只是显现，实际上郭老先生的有也是空的。

杨露禅的太极拳，才真正符合拳理，可惜知者不多。

董海川的八卦掌很厉害，看他画像，精神饱满，心神蓄发一如。

王选杰老师有民国时期前辈武术家的修养。

【谈批】 这里说的都是绝顶大师，无论哪一位，都能住入空灵，只不过或是空中有，或是有中空，前者有如佛家的中观，后者有如瑜伽行。

94. 无住之心

上面说的几位前辈，总的来说，都是住入无住之心。郭云深老先生由站桩而住入，王芗斋老先生由空灵而住入，杨露禅前辈由无极而住入，董海川前辈由心神而住入，王选杰老师由立禅而住入，他们的风范都是我们应该追慕的梦想。

要追求这住入无住之心的风范，其实便只有立禅站桩一途。

【谈批】 这里特别指出无住之心，是在总结全书。我也因此明白，书中所言的一切，实仅为得无住而已。无住无不住，无为无不为，无生生一切，无法法依归。

立禅即意：大成拳学讲习录

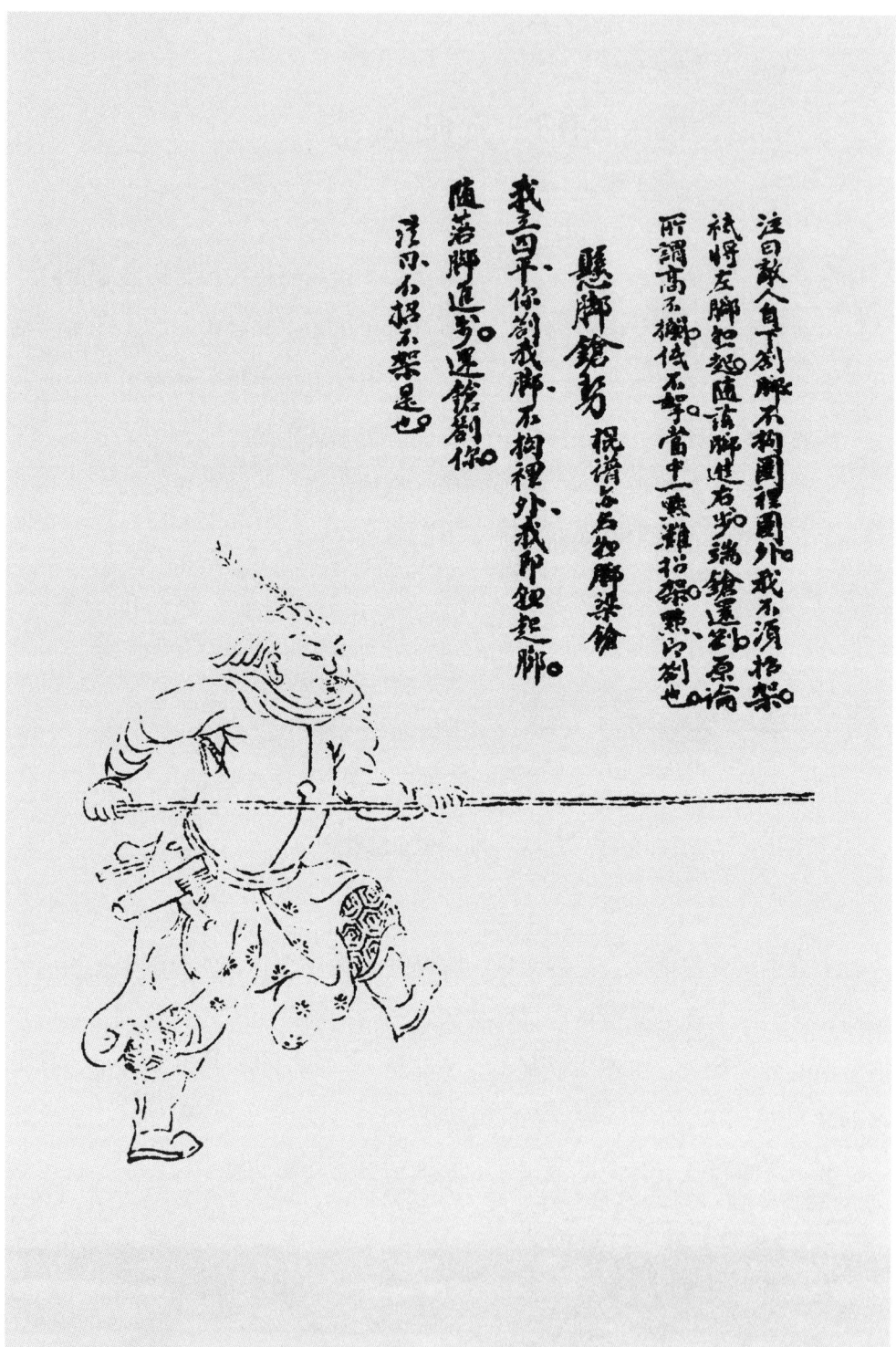

注曰敌人自下刬脚不拘圈里圈外我不须拈架
祇将左脚担起随诸脚进右步端鎗便刬原论
所谓高下机伏石手当中一点难招架悉以刬也

悬脚鎗势 俗谱名曰脚梁鎗

我立四平你刬我脚不拘里外我即担起脚。
随若脚进步还饶刬你。
注曰不招不架是也

附录：弟子学习笔记

师说：行乎道中，静候君来。

2009年1月14日，师言：重心应是一个点。一个点，在移动中就可发力。

师说：双手合一手。

说到太极拳言：太极拳主要是虚实的变化。

师说：练到不同阶段感觉是不一样的，一个人有一个力点，有人是在两肘，王选杰先生是在手指。

师说：站桩是一辈子的事，不是站三个月就能体悟的。

2009年3月10日，师言：要练出混元劲，身动，要有穿透力。

问师站桩时，可否喝水，师言练气时要过半小时才可喝水。

师调桩：是用一手压吾手之虎口，一手顶吾后腰。师言让我这两处有感知，又言重心后移才能产生真功夫，腿站不住，可立，可以动作小，手形不放下，一直坚持，一个小时再放下。师意是不要左右倒换腿练，就练一边，意思是说来回换感觉不到深处。

师言：站完桩把全身捋一遍，疏通气血，收敛毛孔。

师言：要懂得，站桩是一辈子的事，这里面，包含形意拳要素。不要看别人是从哪个门进去的，老师根据各人禀赋，打开的门也不一样。

师言：力，要练渗透力、穿透力。

2009年6月25日，师言：王芗斋老先生曾说，肌肉若一，是通过站桩让身体发生质的变化。肌为骨肉之间的东西，让肉与肌统一起来，让身体聪明起来。

今由师知道：传统武术的接触，不是练力，不是练应付方式，而是练知觉，让身体知晓。

2009 年 9 月 10 日，问：站桩能否闭眼？师言：不能闭眼，练习之后可以闭目默默站会儿。

问：这段时间站桩觉得胸闷。师观吾桩言：是心口和后腰眼儿未放松，放松后吸气，应是多出一条支撑腿，两股随吸气而合，向后斜角发出一股支撑力，一呼沉于带脉。

师说桩：步伐应大、饱满，势低而放松，前手肘为指之力根。肘要沉，但不能死。站桩是功力，听劲很重要，要逐步练习到一接触就感觉到对方的重心。我们练习控制对方的重心，我知人而对方不知我，非动作技巧。

师说：外不着相，内不动心。

力意分离：三体式桩，以前手左肩为轴向左转动，其头不动，以手掌根为断面，手为分离处，手与身同重。后脚支撑，前手为意，精神控制三米之内，功力深了，为力意不二。若打崩拳，前手为一部分，整个身体为一部分，后一部分由脚发力传递移动到手拳一部，整个儿力发出，力意分离为意拳根本。

站桩：练力放于脚，调动到手，再让手变空，回到脚，练习来回调动，可让手比身体沉重，力集于手。力在手时，微微调动身体以适应配合：力在手时，对方应推不动，动也应是整体移位。

师言：人品高、修炼能力高，试力、推手，是为补充站桩不满处力的欠缺，使身体饱满。

2009 年 11 月 17 日，师再言：手重于身体的调整时，任何位置都可断开，包括从手腕分可以，从手指分也可以，都让它比身体重，而你的手去碰别人，他就受不了。

吾问师：站桩求饱满、步大，两手撑圆，身累体乏，特别是腿。我站高位，步小；两手抱小圆，松，全身舒畅，是否会抵消受累所练之功？师言：

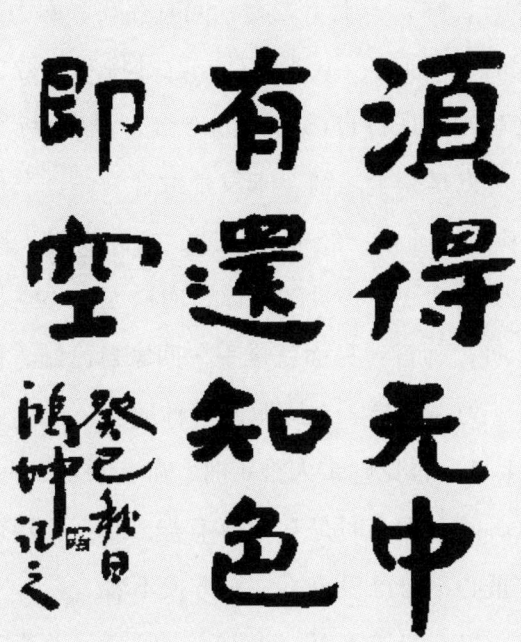

不会抵消。大势练筋骨，小势练气血，应以大势站桩为主，五指要撑开，放松。

2009年12月17日，师授用胸与对手抗衡法，言：以后要练习用身体任何部位都能与对手抗衡（逐步迅速反应）。一点与对手抗衡，其他部位如手脚可据需而击之。

师让感受，臂受力回收，指意不丢，向对方臂回收似弹簧。

站桩时，是给吾肘力，让后肘及桩有力，压吾虎口。师之力没有时，仍觉力在。师言，有了功夫，一点便知（方法技术）。

2010年元月26日，师演示分敌之力，亦可借其势反击。如受对方力，可由自身向头上、向两手或单手、向脚。师言：此力如两个物体合二为一，拔其中之一，而另一受相反力，亦非拔出后分为两个。师又言：如拔物之上下之力，头向上领，脚向下踩。

2010年2月8日，师言：上下之力，同时存在，而不互相脱离。如宋世荣所谓"挑担未起时"。师言：不进攻对方就是将对方融合为一，把对方变无，便没有；进攻对方，是将自己与对方融合，没有自己。将对方变为箭，自己是弓，拉满，对方是弦上之箭，未发是融合为一，发是无己。

2010年2月16日，师言：经常练习摸，把僵摸没，接触点要空，接触点不抗力。站桩，要站到心空，骨架支撑，肉松无，心空。

2010年3月2日，师言：见面就推手，回家自己站，体悟，把劲儿调动出来，松胯，圆肩，力在于指、在脚跟，中神通。

2010年3月11日，吾见师带人推手时，师无重心，问师：重心在何处？师言：在对方身上。两个重心时是互相摸不着，或互相瞎较劲儿，把对方摸整，上手就是对方重心，自己没重心，对方摸不着。

师说桩：放松心口，身体下沉，头上顶。师言：王芗斋让丹田空，让中空，真是伟大。

2010年3月26日，与对方推手时，师让体悟在沉的力上加一个向对方身后下方施放的穿透力。再进一步，让这个力再加上、下、左、右方向之分，让对方感觉不到你的力源从何而来。

2010年4月11日，师说：推手不应意在眼前，意念放出，就是意念力，应将对方看成要扔出去的物体。

2010年4月28日，师言：武是把人练自然，浑身无处不自然；用桩求，两人摸手求，自身调动，借助别人调动，等等，不是把人练强大。

2010年5月3日，师言：站桩，是放松站，是提着站，与松沉站是天壤之别。

2010年5月30日，晚读《拳中禅》及春华整理的谈话录（二），师说：身外所有的东西是一个，自己是一个。换句话说，这两个若成为一个，身外所有的东西是半个，自己是半个，这俩一合是一个。

2010年6月3日，师言：拿桩当套路练习，太死板。

2010年6月10日，师言：意、力、身三大主要因素要分离，意、力要分家。今天推手，求松心，断开肩，让手有力存在，而肩、肘、臂放松，这个力不是传递，是意的存在。力与意合，力向物外去与意合（意远力追意），身与手断开，意与力断开，身与意断开，又是统一的。神游物外，离开己身，无物可求，执着己身，永无是处。

2010年7月3日，师让练推手，求松断，把手给对方求随，由听控制对方。大家听了，都很茫然。

2010年8月5日，练推手，师意：见面就推，自己就是站桩。师演示棍时说：戚继光说过，棍能活身，真是把你平时没活动到的地方活动了。又说：练大枪更要身灵，但一般都是把人练硬了。

2010年8月12日，师言：让肉自然下垂，用意提一下，然后弃意静站。总用意：特别是身紧就不好了。

师言：站桩要有神气，但身、力不能紧；意紧身也紧是双重，意松身泄是双重，两脚都紧是双重，上身紧下身也紧也是双重。

师言：站桩摸手要神意在，就是与朋友摸手是这样，与对手摸手也是这样，时时都是遇敌的状态。

2010年8月30日，师言：用心感应对手，守中用中，并演示：手近胸，是那个中，远也是，上也是，下也是，始终守中用中不丢中。

问：王阳明及其学生所言下功夫、用功夫，是静坐"神思"吗？师言：是行走坐卧之功夫，不是单一的行为。

2010年9月7日，师说"难"：最主要的难在思维的改变，它不是生活中的常理，是本能之学，用的是自然。师言：思想的改变，就像这杆子，以为是平滑的好，实际上是有疙瘩的好，是两头大小分明的好，而不是粗细均匀的好。拳道不是想象，推手要分虚实。

2010年9月9日，师说单推手：应该总是开始，待发、蓄势总有。师说：不是技术是思想，要感知对方，让身体有吞吐，全身力总是开始。在蓄的状态，在有的状态。

2010年10月2日，师言：不是你要把对方怎么样，是对方给你的条件、形势要你怎么样，一定是无形的，无形才有，就一个桩，不是24个桩。一个桩有了就有了，没有还是没有，不是这个桩弥补另一个桩，或用一些桩丰满这个桩（但也不绝对）。

2010年10月5日，师言：有的人非得抓着一个东西练，否则就不知练什么、怎么练。这个拳难练就是不住于形。重要的是把拳融入到或合到生活之中，不专门练也是这个状态，如果不练就不是了，那就成不了。茶是茶，水是水，不是一个，又是一个。

2010年10月6日，师言：混元力，不是一个东西，不是向前的一个力、向后的一个力，是二争力，是同时存在。气与力、肩与胯、意与心的二争力。很多二争力，既合为一个，又是两个。

师言：练过五行拳的人，都有节拍；书法音乐，都有节拍。五行拳是五种物质的能量属性符合这个节拍。动为静合，静不止，需要动，但不是盲目的动，用动调整到无双重，无双重无调整。形意五种能量和这个节拍，与对方相合。

2010年10月7日，师说桩及五个关节的关系：膝盖调脚和胯的弹性，腰调肩和胯的弹性，头上提之意，上下不着力，两脚直向前。

2010年10月8日，师言：意与身体要合，是松与紧的同时存在，松不软，不用力，神在。

2010年11月5日，师言：膝盖要曲，只有曲才能调整，让它有弹性，不是放松不僵，是弹性状态，再把弹性站没，让人感觉不出来，如同弹簧钢板，弹性极强内动极小，必须要把身体弹性的"有"站出来，才能让他无，如同电一样，摸不得。

2010年11月29日，师言：头脚是一个手与脚相合，肩与胯相合。别人

詐敗鎗勢

我丟四平圈裡搠起你鎗你劄我圈外我一搠。隨拌身佳候一倒偽為敗勢待你圈裡劄我。而迎回身一舉閃你鎗劄你 注曰俸輪 詐敗是也。

注曰此即棍圈中披身势也盡鎗詐敗乃誘敵追劄之法回身進右步衮勢還鎗反敗為勝

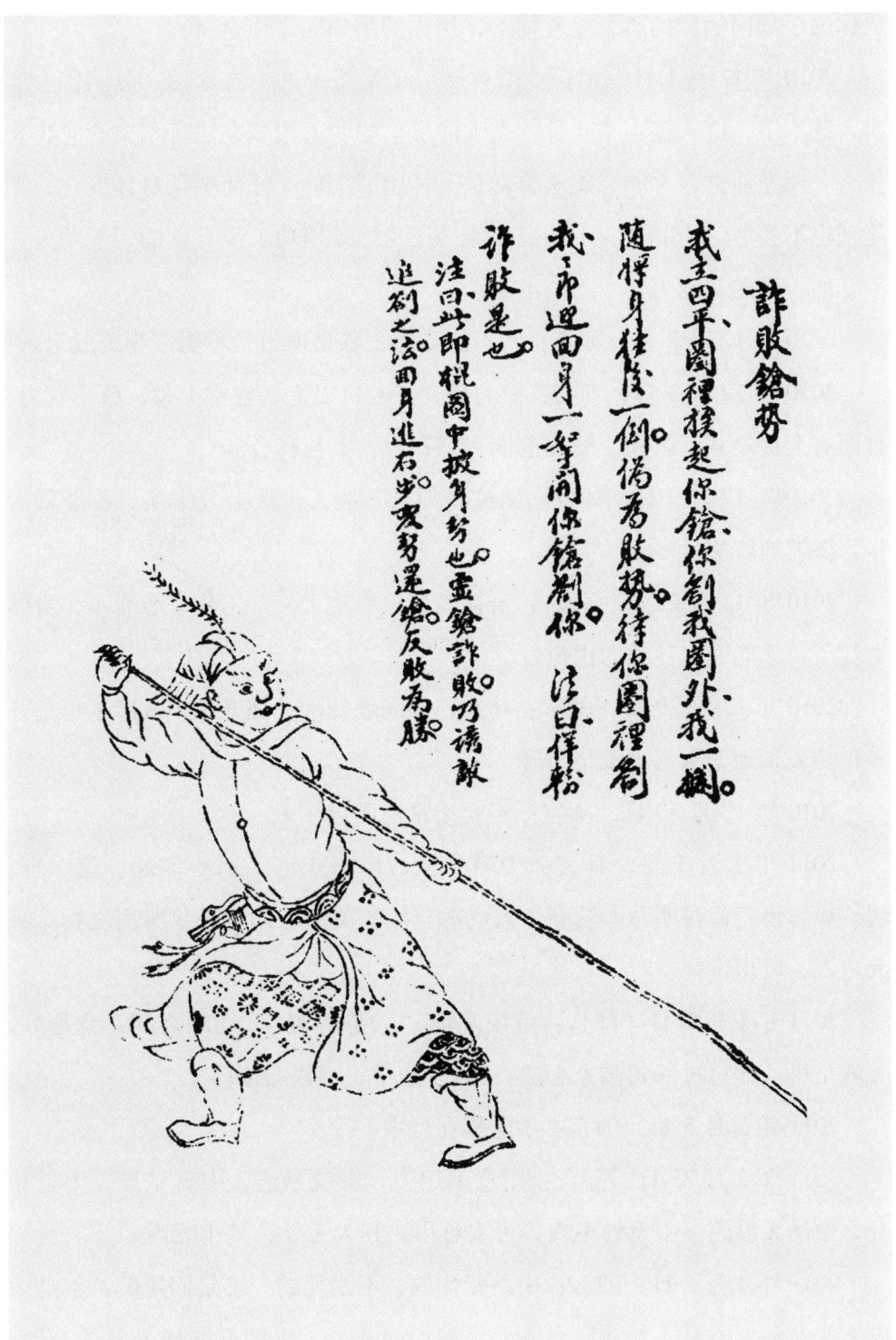

抬你的手如同抬你的脚，是整体的，压你的手如同压你全身。

2010年12月1日，师言：是整体，又是每一处，有起落，分阴阳。聪明人练不了，傻人练不了，那什么人能练？聪明人用笨办法，不要管它出来什么。要守住桩，不能有想法，就是一开始那个桩，任何感觉身体变化，不能理也不去追，不能想，下功夫数年，还是继续用功。没有别的，下功夫是不变的，变的是能力。

2010年12月2日，师言：膝不能受力，膝是通道，不能成为关或卡。

2010年12月3日，师言：肩与胯合，心口以上，虚空上领，膝不着力，脚面有上提之意，脚和小腿儿前面有感知力，手与脚合。

2010年12月9日，师言：站桩时神意不能丢，点上分虚实，不能做动作，要就地解决。

2010年12月22日，师言：身体没变，心变了，守不住；心变了，身体也变了，才能守得住，力由机发。

2010年12月29日，师言：功夫，如同烧开水；烧开了，放凉了也是开水；功夫未到，永远也没烧不开。

2010年12月30日，师言：不要让紧把灵包住了。

2011年1月1日，师言：中道拳法，以身正心，以心印物。道、理、法、势、情，都得明白、清晰。大成拳与敌的关系是：敌是我所用之物。练武之人，要出生死。

2011年1月2日，师言：乾隆写的"动静等观"，动静之间，就是等，等就是机。师写过一句儒家心法："行乎道中，静候君来。"

2011年3月5日，师言：不能拘在桩中。

2011年3月25日，师言：用意不用力。中就是道，中就是意，中是和合，中是无形的。中无处不在，可大可小，其大无外，其小无内。

2011年4月6日，师言：中是变化的，不是死的，不是固定的，不是一成不变的。太极、八卦、形意、大成的相同之处，也即最终境界是具有中，用中。拳是什么？你能合上就知道了。

2011年4月7日，师言：站桩时感觉自己是否能随时发动，随时能应对变化，真空妙有就是中。无我，才能无敌，培养良知良能的能量。

2011年4月13日，师说桩的动作，是为了灵性的东西出来。大成拳不是桩，不是摩擦步，是"中"。

2011年4月20日，师言：没有对与不对，只有当与不当，固定程式是工匠，书法写字皆如此理。师言：腰不松，心就不能开。

2011年5月26日，师言：攻守平衡，出入进退有度，身体要与心分开，应物自然。师教龙虎二气，用内力，两手上下前后左右互相作用，不软不硬。要刚柔之力的劲，手要伸出，意要远，手不出身子重，手出意远身又轻，所以要适度。师言：胯放地上，肩放胯上，头放肩上，这样有三个层次，但都是灵的，不是死的，都放在地上是一个东西，每个环节都应是独立的，有中有环。

2011年5月28日，师言：杨禹廷老先生神畅气和，妙。

2011年5月30日，师说龙虎二气，肩与胯要合，肩找胯。

2011年6月5日，周慧凌师弟传师言：站完桩要走，体弱能走强；站完桩必须走，不是可走可不走；身体强站完桩，会浑身是劲儿，但也得走，把这个强给散开。走的感觉如把衣服脱开，然后是肉脱、骨脱，骨头没了只剩下中在走。师言：走能升发阳气，走脚不抬起来，松着走，脚不离地，贴着地面走，虽抬但与地面关系不变。

立禅是三道合一，人生之道、生命之道和拳学之道。

2011年6月5日，师言龙虎二气：沉手松到脚，用腰胯，即使手向外推，也是腰胯传递。

2011年6月10日，师说龙虎二气：不是形意合一，就是里面的东西，松到脚上，松腰，受力到脚再返回来。这种松如棉花压缩，是沉到脚发出来的。松到脚发出来的力，松到脚神意就出去了，是灵的，是整的，不是神意力合一。

2011年6月10日，师说试力，练的是腿，手上不能丢。试力容易犯错，易成练手了，应是练脚，手上不用劲儿，用脚但手上还得有，不能丢；腿脚得力，手上不丢。师言，只有没有才能与对方合上。

2011年6月11日，师言：从古至今的拳术可以分为两种形式，一个是相派，一个是意派，通过形式达到目的，形式本身并不重要，达到什么目的才重要。师言：直接就是大乘；要这个形象是小乘，它的所有形象也都是它的目的，直接就练这个东西。师言：不管手在哪儿都是身上贯穿到手上。

2011年6月14日，师见吾桩言：把后背松下，吾所反应是从外形下松。师又言：是脱，不是下沉。师言：每个关节就像车链条，每节都有轴，让身体每个关节都成为轴，但神也不能放在这上面。

2011年6月15日，师言：打铁的空气锤知道吧？师示意往下砸，言：这个就是练气无形的神气。师言推手没劲儿：手是虚的、无形的，力向上、意向下，示意腿要向脚下使力，意力相逆。师言：站桩是松通的基础，松通是分虚实，分虚实是中是环。师言：站桩有东西，是灵，是饱满的。形意拳讲：灵劲上身天地翻。

2011年6月16日，师言：神气分三个层次。一是意力相逆、相反，只是初级；二是意力相顺、合一，是中级；三是无意无力，最高级。

2011年6月17日，师言：以静制动的静是松沉劲儿，静止不变。太极拳为什么叫长拳？它一百多式始终劲未断。师言：用意不用力，让意出来领着力，练形求意，练意脱形。形意拳是以意象形，无形无意，中神而发。马一浮先生说：文化乃人心之所动。

2011年6月19日，师言：腰这个枢纽是贯穿全身的，腰与膝是一致的，松腰就是松膝，膝不松腰也松不下去，松腰松胯要往上兜，尾骨向上。师观吾与高师兄摸劲儿，言：对方的背是你背的根，意在对方背上。

2011年6月20日，师说试劲：不用手，要身正、身下沉；前膝前弓，

附录：弟子学习笔记

奇才拳学家

王薌齋の技術

『断手第一』
若き天才大成拳家

実戦ナンバーワン

外別海特
画外企画 ③

取材・文／本誌取材班
協力／王選傑伝大成拳衣鉢伝人 于鴻坤
通訳／西松正彦 孔欧亜
取材地／中国北京市

伝説の"老三拳"を求めて

その伝説の技は驚くほどシンプルで、
拍子抜けするほどであった。
シンプルゆえに応用変化も無限に存在するのだろう。
奇才拳学家と異名をとる王薌齋の学んだ
「老三拳」と古伝の技に迫る！

本书作者于鸿坤先生

后膝有跪意。受力就沉，向前伸手，自身推手，不是后腿撑也不是前腿儿，是中生出一条腿，前后腿围绕这个腿来作用。师言：无形腿还有无形的手，无形腿一出，两条腿就无虚实，对方就摸不着你，不是拿变化解决问题，是用空无解决问题。

2011年7月4日，师言：动静之机是中，阴阳之间是中，对方是我的一部分也是中。身上意要空，一留意就死了。怎么让对方死？让他的意出不来，意和力在一起。

王选杰老师说：试力最容易出错。不能身体、意都参与，动愈微，神愈全，精神越来越强大，形越来越小，神和意就合了。师言：心里不存事，身上不留劲；搭手随顺和，站桩松通透。由形出体，神为体，意为用。意形结合了，用那个机。用的是机，不是形也不是意，只有这个机。师言：龙虎二气，出手时，身在手前；回手时，身带手回。不是一个招法，而是一个习惯，阴阳相济，来回不空（不是绝对）。

2011年7月7日，师言桩：要的是这个状态，调整好就把一切都放开。师说推手初步：身子领着手，身子做主；身子使唤手，以身运手，形虚意实。

2011年7月8日，师言：蓄、发是蓄对方的力，蓄发是一个，同时有。师言：以对方之意为意，以对方之力为力。水和杯子合，不是合成一个东西，是两个东西的一如状态。师言：儒家养气，动静处中由感而应，以心印物以物用心。

2011年7月15日，师言：先天后天，一个东西两个方面。王芗斋先生说：先天后天打成一片。师言：桩要全身在抽拉的状态，两臂向左右，把身体悬起来。

2011年7月20日，师言推手：进头进手须进身，进手进身头不能让，人容易让头、丢头。

2011年7月21日，师说桩：脖子有如枕物之意。撑抱时，师说：手臂松，手指再张开，还是放松，如抽芯儿，从手指抽到脚上。

2011年7月23日，师言：早不朝东，晚不朝西，站完桩半小时以内尽量不喝水，不能喝凉水、摸凉物。

2011年7月26日，师演示拳挨着肩怎么打：向脚下打，穿裆脚从嘴出，对方没法接，不要腿，还得有架势，控制对方，对方起不来腿。师言：桩就是神比形大，有形练无形，无形练有形，不断进步。

2011年7月27日，师言：大成拳以空为实，神意比形大，始终是这个就对了。

2011年9月6日，师说散步：把两臂的晃动缩小到中这条线来转动，即使甩两臂也是中在动。

2011年9月11日，师言：提着身体用腿站，脚踩空了，身体提着，如球，贴着地，悬在空中。身悬空，脚踩地，命门与尾闾提着，掌控着全身；气下沉，神和意要起来，一坐胯就有精神，这个精神是坐出来的，不是拔起来的，尾闾向头。

2011年9月25日，师言：不是用手是用中摸，内清虚外脱化，身松意紧。

2011年9月30日，师演示腿的穿、顿、踩，逆用顿，顺用穿，近用踩，抬腿膝定，动胯。师言：站桩重要的是通，不是高低；用通道里的水，不是用通道。

2011年10月1日，师言：冬天不要晚上站，夏天可以。师言：精神领起来，松喉头，松肩，松踝关节。拿起精神，再松身体，一开始是先松肉，再提精神。空是自然形成的，不能想空，永远达不到，想就错了。师认为，大家若记不住，变化也不会大；就是学了，这个是增加，要学会变。师说穿裆脚：用手领精神，用手起回，再挫手。脚与手同去，身左右挫动，脚把身子带到对方身后。

2012年元月5日，师言：读经、练拳、沏茶，诸事形式不同，但心都不变，不因事而变。师言：关节的弹性不是肌肉的弹性，是精神的弹性。师言：做学问、干工作，外在形式变了，这个心不能变，心有所住就是双重。

2012年元月14日，师言：意紧身松，不是精神紧是提神。

2012年元月15日，师言：浩然之气是入门的功夫；有感而应、无我无敌是用的功夫。

2012年元月16日，师言：三轮体空，无我无他无事。三心不得，过去心、现在心、未来心都没有，只有当下。清逸、大勇也是过程。形追意，不是你有个什么意，而是以对方之意为意，以对方之动为动。只有站才能随意动。师言：第一步诚中，往这一站其他东西不存在，实中；第二步虚中，谁来都落在我这个虚中，让对方的实落在自己的虚中；第三步空中，无我无敌无这件事。

2012年4月15日，师言踢：前踢不是脚踝紧，不是由踝处翘起；而是脚面绷直，脚趾翘起，膝不曲要直，踢出同时向前挤胯，神力像钉子穿过对方身体。

2012年5月3日，师言：每个关节都藏着妙用，如膝藏神。胯不开胯就是抱膝。大成拳不仅是太极、形意、八卦的精华。多读王阳明马一浮的书，多站桩。

2012年5月11日，师言：习大成拳要具备心胸的大格局、大气量。专注与放浪同时存在，要具备狮子的勇猛和狐狸的狡猾、老虎的威重和猴子的灵动、鹰的从容与熊的敦厚。

2012年5月12日，师言：行走就起，把心松开，用肩胯走。

2012年5月17日，师言：王芗斋先生说，一指之动乃是全身之动，是全身为这一指之动在调整，一动而全身动。

2012年5月19日，师言：不能主动，一主动就是自己的想法。不管主动被动，都是让对方落不住。

2012年6月14日，师言桩：关节不能紧贴挨着，要分开。力在身外，

附录：弟子学习笔记

本书作者于鸿坤先生

身体虚空。

2012年7月4日，宏生师弟荡腰时，师言：向后时人们容易做对，这肩下沉；向前时，这肩不能翻起，手不能在身前。次序要对，手随身。

2012年7月18日，师言：站完桩，发一发力，用站桩的状态，放松各关节，如打气使用气筒子，缩即是发。

2012年7月19日，师言：理无碍，接着事无碍，理事无碍，事事无碍。师言：不能有成见，每一次见这个人，重新看，心里是空的，没有成见，心里不能装这个人的过去。师言：站桩、推手，推手、试力；站桩、试力、推手。练技击桩，再练摩擦步，不断学习。

2012年7月24日，师言：学而时习之，学习、实践，不断地学习。学用在实践上，从实践中来，到实践中去。慎独，敬若在，神就在，时时刻刻都如此。

2012年7月27日，师说站桩：把空气假想为水，然后自己也变成水；空间是通道，碰上硬物，还是把它当通道，意通过去，不是对抗。师言：与人推手，每个关节都膨胀开，使自己成为一个活的整体，身上每个关节互根才能活。站桩时假想有敌，让自己活；推手时听由对方，神气要与对方合上。

2012年7月28日，师言：用自身这个中，与对方合，与外物相合，如在空气中游泳，自身虚化，外面变成实的，虚与实合上，让对方实；不是拿筋骨肉做虚实，是拿里面的气息；想着打人，还是会对抗，就是用。过去人讲用功夫，用中显功夫，拿着中，未发时与事物相合，身与对方合，但心不能合，时时刻刻在启用的状态，没有结束。

2012年7月29日，师言：练拳、练棍都要有个门，让对方落在你这个门上。多数人都以器械应敌，应以中应敌。

2012年7月31日，师言：用，没有一定的形式，实际是千变万化。练套路容易，总在一定形势下，枪是枪，棍是棍，鞭杆是鞭杆，各做各的势。

2012年8月5日，师言：形意拳老话，一枝动，百枝摇，肩胯延伸线要对着目标，一个斜点，一个正点。师言：为什么总是说这个桩，人们总是拿惯性在站桩，一开始是对的，然后就回到各自的惯性上了。形用肩胯调，意用五脏调，调虚实、松紧和弹性。再进一步，把一切都放下，拿神调，不管他，神能自调。师言：初练棍时要打直，与人交手不能棍打棍，要通过打身、打头打到手和棍。有些棍的练法是先控制对方的棍再打人，有些棍的练法是棍打棍。要直接打人，要结果，要用把对方的身体和棍看成一体的打法。

胜强问医学，师言：读经典，读原著，精读，熟诵，用立禅的功夫。

2012年8月6日，师言试力：蓄力即蓄意，试意即力。师言摩擦步：裹缠胯，前胯不回来，定位，遨游状态。肩胯要断，后胯裹前胯，前实后虚，前手空，后手实，后手催前手。

2012年8月7日，师言：摩擦步要分虚实，有虚实才能有中，就拿这个中走，有虚实有变化。师言：肩胯断开，拿身走，拿手走，身子走不过去，拿手走；手走不过去，拿身走。师说摩擦步：跪后腿，裹后胯裹前胯，空前手。后腿要松，向前走是空力。胯在前，裹胯，身不斜，肩松，沉肘，身不能起，不能起伏；前腿若提实着虚，垂直于地面，前脚松着处地，后腿虚着实，胯是活的，身如球，肩胯是肩空胯活，胯向前走，胯带着腿。主体不变，双手若扶绳。胯在走，胯在移动。神气要分阴阳，神起来，气沉下去，定步不定，摩擦步整体在神气的状态。

2012年8月7日，宗纪纲言师说：摩擦步，难在两手能扶上东西，身体就飘起来了，拿一片神情在走。

2012年8月9日，师言：摩擦步含穿裆脚之站势，先将脚放于支撑物上，放松胯，身可顺站或拗站，肩胯断开。

2012年8月16日，师说摩擦步：重心变化要清晰，不能模糊不清，每个点上都能发人，在重心移动过程中要慢，每个点都不能丢。

2012年9月29日，师言：把虚变实，走摩擦步，脚摩擦地与不沾地应一样，有关系，抬起脚，没有脚，带着地过去。

师说龙虎二气：轻出重回，前手打人，后手用力，前虚后实。师言：打就练一个龙虎二气，背颈处为龙，丹田为虎，丹田始终要满，手伸和回始终压着丹田，去为虚，回为实。古人练是上下提拉顿挫，让四肢如四个轮子，围着丹田转。抻筋拔骨气腾然。

2012年10月1日，师言：说动在静，说静在动，抽丝拉线，身体手脚与物体和空气都能发生关系。

2012年10月12日，师言：中国文化讲生机，要站在无限生机上，良知良能是源头活水上。

师说：尾闾要正，空灵。尾闾正，浑身关节归位；尾闾不正，关节易歪。尾闾正，脚下灵，空灵。胯以上要空，胯以下要灵。八卦掌就是练空灵，不是掌的变化，不是多少掌，不是围着一个敌人转圈儿。在任何地方转圈儿，一上来就是找空灵，完了用这个空灵应敌；手与丹田合、与胯合，肩与脚合，用这个贯通的东西；肘与心合，肘与心能合上，就能打人了。师言：龙虎二气很重要，站完桩要练手臂是空的，上下手挫揉这个丹田肚子，横着走伸手，也是这个丹田。手臂空与对方接，空肩，让肩与脚贯通，空肩灵脚。

师言：走的时间是站桩时间的一半，把桩给散开。

2012年10月16日，师说抻筋：弓步压腿抻筋，不能闪，向下一压一起，应逐步伸展，松开一点儿补一点儿，再放长放大，再松再补。抻筋时，应尽量向相反方向，就是后肩与前腿一条线，前肩与后腿为一条线。

师说马步：脚尖略向里，腰椎要直，胸空，腹实，两膝不过脚尖，两膝外撑，使每个脚趾着地。

师说双手抓劈拳：凡此皆是意，是身体起波浪，不是手，没有手了，最后是意，只是意在动。

2012年10月25日，师言：试力就是试呼吸之弹性，良知良能是整体，所有东西是都为了一个整体。师言：要从这面看到另一面，试力是手上没有东西，就是呼吸之弹力，就是弹力带着手，没有手。如果一个手试力，就没有中，把呼吸之弹力试出来，再试身上的力。不能双重，一如状态，意不能在手上，如在手上，就不能控制它。

2012年10月25日，师言：王老师教人站桩掖胯很重要，胯一开，就容易把顽固的东西去掉了。踝关节、心口、膝关节、腰、心口窝、颈背，都要松开。站桩的时候就是身体，不在手上，在中上，在整体；得其环中，应用无穷；一点之动，全身之动。

2012年10月27日，师说技击：如鞭杆，身子自己找安全。棍是棍，身是身，是两个系统；技击中身子变了，但进攻没有变。大成拳没有进退，没有防守进攻。身和手要分清楚，各做各的事儿。

附录：弟子学习笔记

本书作者于鸿坤先生

师言：进攻的武器没闲着，另一方面身体保护着身体。

2012年10月28日，师言走摩擦步初步：就是走腹部。其他所有的地方，都是通道，都要给这让路，用这忽悠过去，传到手，这是根本，其他应敌为用。意在腹部，肘、胯虚实的变化。走摩擦步，走的就是中，练的都是中。

师教大弓步时言：不能坐胯，一坐就死，要伸着蹬。

2012年11月4日，师言：烦恼在肉里，智慧在关节里。大成拳是自性之流露，一气之流行。聚则成形，散则成气，此所谓良知良能本能之拳法也。没有对错，只有当与不当，灵气的背后是厚重。

师言：心要空，身要通，空通拳。

2012年11月6日，师言：古人功夫万法归一，李洛能一生就是劈拳，郭云深就是崩拳。

2012年11月18日，师教缩发：为了控制对方，中放大后，缩即发，不失重，不改变脚与地的关系，身上畅通，手臂不用力，空着飘出去，一有用力点就滞住了，就产生了一个新的力源。

师言：身体没有障碍地发力，手臂是空松的，特别是腰和肘要放松。缩即发，缩胯随对方，不能有想法，对方自然就把你带到他弱的地方。

2012年12月15日，师言：不是身体落在腿上，是以腰为主，胳膊和腿长在身上。

2013年3月1日，师因吾受寒，平时手足冷，教呼吸法：双手握拳，用力吸气到命门，停留丹田一会儿，放松到会阴，重复七次。

2013年3月9日，师讲到腰，非是两个二争力，用两拳比划，上下各一，同时上下，处于机上，弹性状态，不是拨开。

2013年3月25日，师言：力由中发，用意不用力；次序要对，不能成为阻碍。

中大于腰，腰是点。

注意车轴与车轮的关系，一些方法都是从这个理上演变出来。

师言：不是争力，是争意，内在的意。混元桩：两手让他合一下再开，用意不用力。

争力，用争意就更好，更清晰，一说争力，人们就容易用力。

2013年3月26日，师言：重要的是关节，特别是膝关节，要有弹性。

师言试力：试意不是试力，意与呼吸要合上。

师说练器械：不只是练器械，是借器械练自己，练身、练心。

练大绳，师言：身体要与绳子合上，并说明身体鼓动，演示由腰荡传，是绳起大波澜。

师言：前人说练重不如练轻，练轻不如练空。

2013年3月30日，师言：站桩要站得如同挂在半空中，脚不能跟地较劲儿，神气的弹性状态。

附录：弟子学习笔记

师言：一搭手就没有自己，感知对方，腰接胯打，神接意打。

2013年4月28日，师说拉大绳：头是天，脚是地，用天用地用物（用大绳），就是不用自己；脚与地的弹性；是头领着全身在工作，不是某个地方。两手臂与绳一体，肘肩松，不主动，体会起落。肩断开，手臂与绳一体。头与天，脚与地，手与绳，越是不行的时候越要松，随绳，不能较劲儿，越较劲越背劲。

2013年5月3日，师说：推手轴在肩和胯，这是中乘；上乘是推"机"；初级是腰转，大转或小转。

2013年5月4日，师言：不能住，有的人还站不住，站住了。不能停在这件事上，不住不断，有了这个东西就要守住这个，让它成为常态。如同《金刚经》上说，它是什么，不是什么，是名什么。

2013年5月5日，师言：站完桩后不是解放，不是结束，是状态的继续；不能站桩是站桩，休息是休息，应一以贯之。

师言：站桩是站神意，不是站身体；不是拿身体站，站僵了，没了神意不行。身体可以活动，不是不能动，你神意没丢，动不动神意都在。

师言：身体的智慧，也就是神意气形的智慧。

2013年5月6日，师教摩擦步：有中，没手，没有臂。有手遇敌就过不去了，没手很难！静接物，动中取，手能变。为什么横一下，直着走有起伏，横着走圆，就是不能用力，你空了。轨道得熟悉，得知道。重心转移要慢，始终不失重心，重心总在一条腿上，抬脚、落脚不失重心，慢慢转换。如棍子一样，滚到前腿，滚与蹬的区别是转换。可以斜身，但胯一定得正。重要环节包括滚、拱、提、趟等。

2013年6月15日，师言吾棍：没有内在的神气，棍成了负担。应人借棍，棍助人，人棍同起作用，相互作用。

2013年6月16日，师言：吾棍没有顿，风火双轮时，应该借势，不能只是胳膊用力，也不能棍在耍，应借势给力。

2013年6月19日，师言鞭杆：手要慢，腰要快，腰手合一。我们易在手上较劲儿。

2013年6月24日，师言：两手要直，器械的势才能出来，人要借这个势，前腿曲着，力量就出去了。遍身着力是整体的虚实。

2013年6月25日，师言：棍子的风火轮动作，有两个用力处：抡起向下落，加力；回转向上时不用力；再落时加力，身体顺和着。

2013年8月5日，师排列练棍说法：阴阳要转，两手要直；前脚要曲，后脚要直；一打一揭，遍身着力；步步前进，天下无敌。

德勇记录整理

跋

我跟随鸿坤先生学习大成拳多年，深知他长期努力继承发扬王芗斋老先生立意为禅的思想，并将大成拳的内涵主旨明确为立禅。立禅即意，即清净无分别意，使大成拳超越了拳术而成为禅修的殊妙法门。

鸿坤先生基于禅的境界，论证了立禅站桩的宗旨是以身正心、以心印物、以物用心的修炼法门，从立意和方法上把立禅站桩确立为佛家果地修证的方法和途径。鸿坤先生也得此禅意而入中，系统地建立了以中道为核心的立禅之道、理、法、术的完整体系，汲取中国优秀传统文化的精髓，融汇了儒道释各家的思想，形成了对儒道释修习和体证的方法，多方面阐述了立意为儒家的实中、立意为道家的虚中、立意为禅家的空中的思想，提出了任用方法并印证了实证功效。立禅站桩由此开始，不再仅仅是大成之道、武学之道，更是生命之道和人生之道。

多年来，我也经常拜读谈锡永老先生关于如来藏学说的各类著作，虽然只是在思想认识上去理解，初窥堂奥，也已经感觉到受益匪浅，对我深入学习大成立禅法门和理解大乘佛法影响至深。鸿坤先生此书得谈老先生细大不捐的深刻批注，我拜读之余，深感谈老先生此热忱盛举实乃中国文化之大幸，也是广大读者的福报！

谈老先生用佛家如来藏思想对众多主题的点睛评述，揭示了立禅思想和方法中所蕴涵的丰富禅理，将立禅法门从体系上加以融会贯通，使立禅学说成为"世俗谛和胜义谛双运"、"智境和识境双运"的高妙法门，佛家如来藏思想得以融入更加广泛的现实生活。

我相信，这部倾注了两代人心血的著作，必将成为传承中华文化和弘扬禅理禅法的经典之作。

董力民

二〇一七年三月二十三日于北京

收刀入鞘势

此先将左手持刀靶，再换手阳掌托拏刀背入鞘。

注曰：入鞘与出鞘相同，惟当换手分两节送入口，故图收刀势，以盡其教演之方。

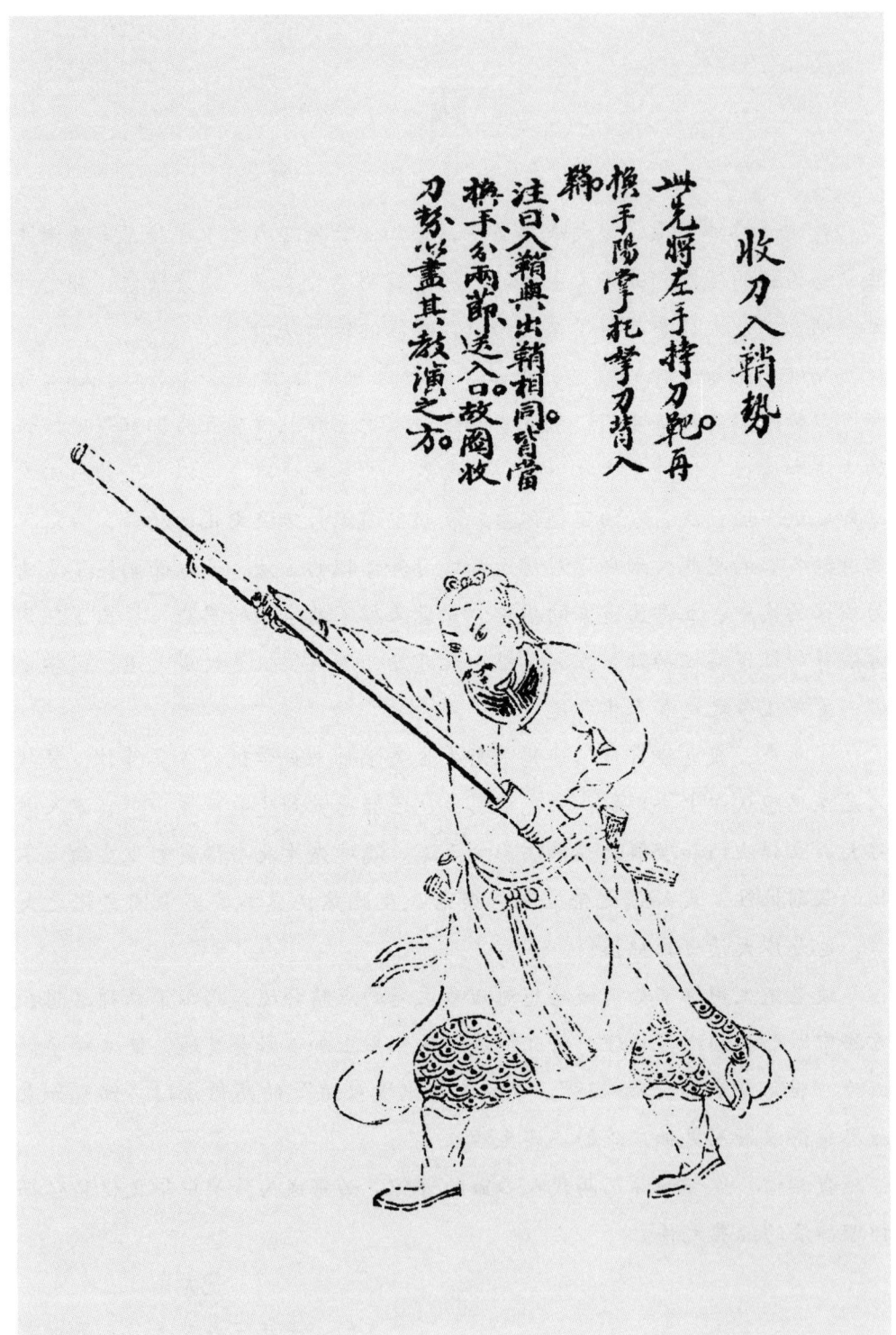

阅读学习笔记

阅读学习笔记

阅读学习笔记

阅读学习笔记

阅读学习笔记

阅读学习笔记

阅读学习笔记

阅读学习笔记

阅读学习笔记

阅读学习笔记

作者简介

于鸿坤（阿龙），大成拳传人、大成立禅法脉传人，文化行者。自幼习文学武，诵读经典，曾随路文瑞大师习南极派通臂拳法；随马贤达大师系统学练八极、翻子、劈挂、鞭杆等法门。上世纪80年代，始随大成拳大师王选杰先生习练大成拳之功、技、理、法，王师赐名"鸿坤"，并题赠"鸿坤弟子，断手第一，大成正宗，衣钵传人"以寄厚望，王师辞世后继续追随常志朗大师研习大成拳。其后数十年，遍访佛学、国学、拳学大家，希冀融汇儒释道三家思想，以求贯通拳理精髓，突破拳法局限，从而通达人生真谛。重要著作有《大成拳学真谛》《大成拳》十卷本（前三卷已正式出版）和《大成传习录》。

谈锡永，当代著名学者，中国人民大学客座教授、清华大学国学院学术顾问，一生致力于中国传统文化各领域研究，尤重汉藏佛学。2008年应中国人民大学国学院之邀参与创办世界第一间汉藏佛学研究机构——中国汉藏佛学研究所，也是北美汉藏佛学研究协会创办人，西藏密宗官方网站（Rigpa Sherdra 网站）将他列名为宁玛派上师及当代上师。多年来游历欧美各地弘扬如来藏学说，译著佛学典籍70余种。此次批读鸿坤《立禅即意》，既有奖掖后学的古道热肠，也是他用佛家如来藏思想贯通大成拳学、融入日常生活的最新努力。

图书在版编目(CIP)数据

立禅即意:大成拳学讲习录/ 于鸿坤著;谈锡永批.
－－北京:华夏出版社,2017.5
ISBN 978－7－5080－9173－0

Ⅰ.立… Ⅱ.①于… ②谈… Ⅲ.①大成拳－理论研究 Ⅳ.①G852.19

中国版本图书馆 CIP 数据核字(2017)第 073919 号

立禅即意——大成拳学讲习录

著　　者	于鸿坤
批　　点	谈锡永
出版策划	董力民
责任编辑	贾洪宝
封面设计	殷丽云

出版发行	华夏出版社
经　　销	新华书店
印　　装	北京中科印刷有限公司
版　　次	2017 年 5 月北京第 1 版　2017 年 6 月北京第 1 次印刷
开　　本	720×1030　1/16
印　　张	18
字　　数	300 千字
定　　价	198.00 元

华夏出版社　社址:北京市东直门外香河园北里 4 号　邮编:100028
　　　　　　　网址:www.hxph.com.cn　电话:010－64663331(转)
　　　　　　　投稿互动:hxkwyd@aliyun.com.cn,010－64672903

若发现本版图书有印装质量问题,请与我社营销中心联系调换。